GTB
Gütersloher Taschenbücher
1165

Dr. Gerald Pohler

geboren 1953 in Wiener Neustadt, Niederösterreich, studierte Psychologie in
Wien. Dr. Gerald Pohler ist als Psychotherapeut, klinischer Psychologe und als
Meditationslehrer in Wien tätig.

Gerald Pohler

Grundwissen Meditation

Ursprünge
Formen
Praktische Übungen

Gütersloher Verlagshaus

Originalausgabe

Die Deutsche Bibliothek – CIP-Einheitsaufnahme

Pohler, Gerald : Grundwissen Meditation : Ursprünge – Formen –
praktische Übungen / Gerald Pohler. –
Orig.-Ausg. – Gütersloh : Gütersloher Verl.-Haus, 2001
(Gütersloher Taschenbücher; 1165)
ISBN 3-579-01165-0

ISBN 3-579-01165-0
© Gütersloher Verlagshaus, Gütersloh 2001

Umschlaggestaltung: INIT, Bielefeld
Illustrationen im Innenteil: Dr. Lucia Pohler-Wagner, Wien
Satz: Fotosetzerei Steggemann, Herford
Druck und Bindung: Elsnerdruck GmbH, Berlin
Gedruckt auf chlorfrei gebleichtem Werkdruckpapier

Printed in Germany
Besuchen Sie uns im Internet: http://www.gtvh.de

Inhalt

Vorwort

Meditation ist heutzutage ein häufig anzutreffendes Wort. Oftmals ist die genaue Bedeutung aber nur aus dem Zusammenhang erahnbar: »Vipassana-Meditation«, »Chakra-Meditation«, »Initiation in die Meditation mit Swami Vishnu«, »Meditation und Bioenergetik«, »Transzendentale Meditation«, »Zen-Meditation«, »Luna-Meditation für Frauen«, »christliche Meditation und der heilige Gral«, »Licht-Meditation, klinisch standardisierte Meditation« ...

Was verbirgt sich hinter diesen Begriffen? Einerseits sind es Meditationstechniken, die aus einer religiösen oder spirituellen Tradition stammen, andererseits sind es Begriffe aus dem Bereich der Esoterik, irgendwelcher Sekten oder ähnlicher Gruppierungen, bis hin zu wissenschaftlich getesteten Meditationsübungen. Der Kern all dieser Wortverbindungen zum Begriff *Meditation* ist mit Sicherheit eine der ältesten spirituellen und psychophysiologischen Techniken der Menschheit, ebenso wie schamanische Praktiken oder das Gebet.

Den Ursprung der Meditation – wenn sich dieser überhaupt historisch belegen lässt – können wir in Indien vermuten. Von dort aus hat sich die Meditation im Rahmen des Hinduismus, des Buddhismus und des Tantrismus und der Mithilfe diverser Gurus, die nach China, Japan, Tibet und schließlich auch in den Westen kamen, weltweit verbreitet. Zugleich haben sich die Lehrer und mit ihnen auch die Meditation an die kulturellen Begebenheiten der jeweiligen Länder mehr oder weniger angepasst. So sind dann auch unterscheidbare Meditationstechniken entstanden.

Letztendlich hat die moderne Wissenschaft ihren Teil dazu beigetragen, die Meditation zu erforschen und so auch ein allgemein gültiges Bild über die Auswirkungen regelmäßiger Meditationspraxis zu geben. In diesem Zusammenhang lässt sich aussagen, dass regelmäßiges Meditieren positiv auf Gesundheit, Denkfähigkeit und Emotionalität einwirkt.

Mein eigener Weg zur Meditation begann als Jugendlicher. Ich las damals das Buch »Die Autobiographie eines Yogi« von Paramhamsa Yogananda. Einige Zeit später wurde ich von einer

Meditationslehrerin aus Indien in die Meditation eingeführt. Es folgten mehrere Lehrer und Lehrerinnen. Angeregt durch wissenschaftliche Forschungsergebnisse zu Meditationstechniken führte mich mein eigener Weg der Meditationspraxis weiter, bis hin zu den Meditationseinführungskursen, die ich seit mehreren Jahren leite.

Meditation ist ein Weg zum eigenen Selbst
und zur Quelle der inneren Kraft.

Wien, im November 2000   *Dr. Gerald Pohler*

Was ist Meditation?

Allgemein können wir sagen: Meditation ist eine der ältesten spirituellen Methoden der Menschheit, ebenso wie das Gebet und schamanische Techniken. Meditationsübungen sind ein Bestandteil der großen Weltreligionen, wie Hinduismus und Buddhismus, sie werden aber auch unabhängig von religiösen Bekenntnissen und ohne religiösen Hintergrund praktiziert.

Meditieren ist die Anwendung einer psychophysiologischen Technik, die zur Veränderung unseres Alltagsbewusstseins führt. Oftmals führt die Ausübung von Meditationstechniken zu einem Gefühl tiefer innerer Ruhe und inneren Friedens, dem unterschiedliche Wahrnehmungen – je nach Art der Meditationstechnik - vorausgehen. Manchmal kommt es auch zu »mystischen Erlebnissen« und entsprechenden Gefühlen des Glücks und der Seligkeit.

Zudem sind die positiven Auswirkungen täglicher Meditation (in Bezug auf Gesundheit, Denkfähigkeit, Emotionalität usw.) durch wissenschaftliche Untersuchungen vielfach nachgewiesen worden.

Meditationstechniken führen in der Regel zu einer starken Konzentration auf ein Meditationsobjekt. Meditationsobjekte können sehr unterschiedlich sein, äußere wie innere Objekte können verwendet werden. Nach einiger Zeit der Konzentration kommt es bei geübten Meditierenden zu einer Veränderung der Wahrnehmung – der Prozess der ungestörten Konzentration auf ein Objekt führt zur Meditation.

Gleichzeitig verändern sich messbare körperliche Funktionen wie Muskeltonus, Blutdruck, Durchblutung, Herzfrequenz, Gehirnströme und andere mehr. Claudio Naranjo und Robert Ornstein beschreiben in ihrem Buch »Die Psychologie der Meditation« das Gemeinsame aller Meditationsmethoden als die Beschränkung der Wahrnehmung auf einen einzigen unveränderlichen Prozess.

Unter den vielen möglichen Meditationsobjekten haben sich einige besonders bewährt. Darunter sind vor allem: Meditation mithilfe der Atmung, Meditation mithilfe von *Mantras* (Lautgestalten), Meditation mithilfe von *Yantras* oder *Mandalas* (opti-

sche, bzw. visualisierte Gestalten), Meditation durch Konzentration auf *Chakras* (feinkörperliche Bereiche) oder auf die durch
die Konzentration auf ein Objekt auftretenden *Wahrnehmungsob-
jekte,* Meditation durch *Konzentration auf Naturprozesse* (Regen,
Wind, Wasser, Feuer).
Zudem gibt es Meditationsarten, bei denen diese Techniken
kombiniert werden. Vor oder während der Meditation sind auch
spezifische Körperhaltungen einzunehmen oder Körperübungen
durchzuführen, damit eine der Konzentration förderliche Aus-
gangslage erreicht wird.
Patanjali, der im 2. Jahrhundert v. Chr. lebte, gilt als der Autor
des ersten »Meditationslehrbuches« – den Yoga-Aphorismen.
Neben den ethischen Vorschriften sind es im Wesentlichen folgende Schritte, die zur Meditation führen:

1. ruhige Körperhaltung
2. ruhige Atmung
3. ruhige Geisteshaltung
4. Konzentration
5. Konzentration nach innen
6. Meditation
7. Samadhi

Dietrich Ebert gibt uns in seinem Buch »Physiologische Aspekte des Yoga und der Meditation« eine neurophsyiologische De-
finition, die für den meditativen Zustand charakteristisch ist:
»Es ist demnach berechtigt, Meditation als Zustand anzusehen,
der sich sowohl zur Stress-Reaktion als auch zum Schlaf anta-
gonistisch verhält – als einen kortikalen Wachzustand bei gleich-
zeitiger motorischer Relaxation und trophotroper vegetativer Situation«.
Vereinfacht bedeutet das, dass der Kopf wach, der Körper entspannt und der Stoffwechsel reduziert ist.

Warum Meditieren?

Wenn Sie dieses Buch in den Händen halten, darf angenommen werden, dass Sie sich für Meditation interessieren oder bereits selber meditieren. In beiden Fällen – so hoffe ich – kann Ihnen das Buch weiterhelfen.

Zum einem gibt es einen Überblick über verschiedene Aspekte der Meditation, zum anderen zeigt es dem bereits Erfahrenen vielleicht neue Möglichkeiten auf sowie einen Einblick in andere Meditationstechniken.

Viele Menschen meditieren, auch im Westen. Mit dem Einzug des Buddhismus in Amerika und Europa hat sich die Anzahl der Meditierenden auch bei uns erhöht. Gurus aus Indien verbreiten ihre Meditationstechniken; immer mehr Katholiken wenden sich wieder dem Beten des Rosenkranzes zu. In esoterischen Gruppen und bei verschiedenen Workshops werden Meditationstechniken gelehrt. Wissenschaftler, Psychotherapeuten und Ärzte weisen auf die positiven Auswirkungen der Meditation hin.

Mit Sicherheit gibt es unterschiedliche Gründe, mit Meditation zu beginnen, man fühlt sich gestresst, man findet keine Ruhe, sieht keinen Sinn im bisherigen Leben, möchte einmal »ganz was anderes ausprobieren«.

Manche sehen in der Meditation einen Ausgleich oder eine Alternative zum Leistungs- und Konsumdenken. Andere suchen nach einem spirituell erfüllteren Leben, sie suchen nach den transpersonellen Erfahrungen, die während der Meditation möglich werden. Wieder andere suchen die Kraftquellen, die in der Meditation erschlossen werden, um ihr Leben effizienter gestalten zu können. Einige wieder sind religiös motiviert. Auf den Spuren Buddhas suchen sie die Erleuchtung, zu den Füßen eines Gurus das Nirvana, bei einem Zenmeister Satori, und manche nehmen dafür vieles in Kauf, bis hin zu einem »Leben für den Guru«.

Meditation kann Ihnen vieles bringen, von Entspannung und Stressabbau, über mystisch-religiöse Erlebnisse, bis hin zu vertiefter Selbsterkenntnis und vielleicht auch die Erfahrung, die als Erleuchtung bezeichnet wird. Allerdings wird von Ihnen auch einiges verlangt: Das Erlernen einer geeigneten Meditationstechnik, wofür Sie in aller Regel einen geeigneten Lehrer brauchen sowie regelmäßige Meditationspraxis und bei Bedarf entsprechendes Feedback zu Ihrer persönlichen Meditationspraxis.

Meditation ist kein Wundermittel, keine Medizin, keine Psychotherapie, aber: Die positiven Auswirkungen von täglicher Meditation in Bezug auf Gesundheit, Denkfähigkeit, Emotionalität u.a.m. sind durch wissenschaftliche Untersuchungen vielfach nachgewiesen worden.

Der Ursprung der Meditation und ihre Verbreitung

Vermutlich war es so, dass Menschen an verschiedenen Orten und zu verschiedenen Zeiten die Erfahrung machten, dass es möglich ist, die äußere Sinneswahrnehmung auszublenden und durch das Richten der Aufmerksamkeit nach innen eine entsprechende meditative Erfahrung zu machen.

Möglicherweise hat sich Meditation aus schamanischen Praktiken entwickelt. Der *Schamanismus* gilt als älteste spirituelle Disziplin und zugleich auch als älteste Heiltechnik. Im Schamanismus findet sich ein großes Repertoire an Techniken, um in einen »nichtalltäglichen Bewusstseinszustand« zu gelangen.

Die schamanische Reise in die untere, die obere oder in die mittlere Welt kann durch unterschiedliche Techniken eingeleitet werden: Konzentration auf den Ton der Trommel oder der Rassel, die Verwendung von Drogen, Fasten, die Schwitzhütte u.a.m.

Einige schamanische Techniken, wie das »Reisen« mit Trommel oder Rassel, auf deren Ton sich der Reisende konzentriert, um dann von seinem Kraftplatz aus seine Reise zu beginnen, benötigen zu Beginn die volle Konzentration des Reisenden.

Bei der Meditation ist ebenfalls die Konzentration auf ein Meditationsobjekt eine ganz wesentliche Voraussetzung. Der Ton von Trommel oder Rassel ist in der Regel allerdings kein Meditationsobjekt, mit Ausnahme einiger Techniken im tibetischen Buddhismus.

Wenn wir es auch nicht ganz genau wissen, wo die Meditation nun wirklich entstand, die ersten schriftlich festgelegten Meditationsanweisungen finden sich in alten religiösen Schriften des Hinduismus.

Zudem waren es zweifelsfrei indische *Gurus,* die Meditation im Rahmen des Hinduismus, Tantrismus und Buddhismus weltweit verbreiteten.

Das Wort »Guru« stammt aus dem Sanskrit und bedeutet Meister, insbesondere spiritueller Meister. Dieser - so der Glaube - kann uns den Weg zum Sinn und Zweck des Lebens, den Weg zu Gott, zeigen. Gehen müssen wir ihn aber selbst. Im Tibetischen ist es das Wort Lama, dem die gleiche Bedeutung zukommt. Der Gott *Shiva* – so glauben viele Hindus - habe die Meditation den Menschen gelehrt.

In der *Bhagavad Gita,* einer der heiligen Schriften der Hindus, ist es der *Avatar Krishna,* der Arjuna (Beispiel eines spirituell Strebenden) in die Geheimnisse der Meditation einweiht. Ein Avatar ist für gläubige Hindus eine Inkarnation des göttlichen Bewusstseins auf Erden.

Schließlich war es *Patanjali,* der im 2. Jahrhundert v. Chr. mit seinen Yoga-Aphorismen das wohl älteste Lehrbuch des Yoga und der Meditation schrieb.

Diese Yoga-Aphorismen enthalten Anweisungen zur Meditation, die bis heute ihre Gültigkeit bewahrt haben. Im folgenden Teil dieses Kapitels werden wir von einigen außergewöhnlichen Menschen hören. Man könnte sie als »von Gott durchdrungen«, als »Weltmeister der Meditation«, als »höchste spirituelle Lehrer« oder ähnlich bezeichnen. Diese Menschen haben die Ausbreitung der Meditation auf der Grundlage ihrer Religion ganz wesentlich gefördert. Sie lebten zu verschiedenen Zeiten, und sie lehrten unterschiedliche Meditationstechniken. Einige von ihnen werden als Heilige verehrt, andere werden sehr kritisch gesehen, einige von ihnen verfügten auch über besondere Kräfte, bei anderen ist es zweifelhaft.

Es ist anzunehmen, dass viele Menschen, beeindruckt vom Charisma und den Lebensläufen dieser »Meister der Meditation«, den Weg zur Meditation gefunden haben.

Von Indien nach China

Nachdem sich der Buddhismus in Indien weitgehend durchgesetzt hatte, kam es zur Ausbreitung des Buddhismus in Sri Lanka, Burma, Thailand, China, Nepal, Laos und Kambodscha. Mit dem Buddhismus verbreitete sich die Meditationspraxis in ganz Asien.

Man schrieb das Jahr 512, als der Mönch *Bodhidharma* (470–543), der als 28. Patriarch in der historischen Linie nach Buddha gilt, per Schiff von Indien nach China reiste, um dort seine Lehren zu verbreiten.

Nach einigen fehlgeschlagenen Versuchen, den Buddhismus zu verbreiten, kam er schließlich im *Shaolin Kloster* auf dem Berg Shongsan an. Hier soll er neun Jahre lang die bewegungslose Sitzmeditation *(Chan* – japanisch *Zazen)* geübt haben. Man bezeichnet ihn heute auch als 1. Patriarch der *Zen-Meditation.*

Eine Legende besagt, dass er vergiftet und dann begraben wurde. Kurz nach seinem Tode soll ihn aber noch ein Pilger, der soeben aus Indien zurückkehrte, angetroffen haben. Bodhidharma, der nur eine Sandale getragen hätte, sagte ihm, dass er zurück nach Indien reisen wolle, in China würde ein chinesischer Nachfolger seine Tradition fortsetzen. Als andere daraufhin das Grab Bodhidharmas öffneten, sollen sie nur eine Sandale, keinen Leichnam gefunden haben.

Die Mönche dieses Klosters, in dem Bodhidharma wirkte, sind in den letzten Jahren durch ihre Darstellungen des Kung Fu und des Chi Gong weltweit berühmt geworden. Sowohl das Chi Gong als auch das Kung Fu sollen von Mönchen dieses Klosters entwickelt worden sein.

Kung-Fu ist eine dem Karate ähnliche Nahkampftechnik, Chi Gong besteht aus Atem und Körperübungen, die der Gesundheit dienen.

Bodhidharmas ursprüngliche Meditationstechnik verschmolz mit Elementen des chinesischen Taoismus, woraus später die Zen-Meditation entstand. Diese ist heute vor allem in Japan weit verbreitet und hat von Japan ausgehend auch in Amerika und Europa eine weite Verbreitung gefunden.

Von Indien nach Tibet

In Tibet kam es um 630 n. Chr. zu ersten Kontakten mit dem Buddhismus, als der damalige König zwei Frauen heiratete, die Buddhistinnen waren. Der Buddhismus konnte sich aber vorerst nicht gegen die dort vorherrschende Bön-Religion durchsetzen.

Es dauerte etwas mehr als 150 Jahre, bis der damalige Herrscher erneut Mönche aus China und Indien einlud, die ihre Fähigkeiten bei der Dämonenbekämpfung unter Beweis stellen sollten, um den Buddhismus zu etablieren. Sowohl die indischen wie auch die chinesischen Mönche versagten bei ihrer Aufgabe, aber ein indischer Mönch empfahl, Padmasambhava einzuladen.

Padmasambhava, wörtlich »der aus dem Lotus Geborene«, wurde der Legende nach in Kaschmir geboren. Er meisterte schon in jungen Jahren alle damals gelehrten Wissenschaften und galt zu dieser Zeit als bedeutendster Tantriker. In Tibet bezähmte er einheimische Dämonen und Naturgewalten. Er erbaute das Kloster Samye, verbreitete Meditationstechniken und etablierte den Buddhismus. Bis heute wird Padmasambhava als tibetischer Nationalheiliger verehrt, und seine Schule des tibetischen Buddhismus *(Nyingmapa)* hat sich ebenfalls bis heute erhalten. Von dieser Richtung wird er als 2. Buddha und als Guru Rinpoche (»kostbares Lehrerjuwel«) verehrt.

Tenzin Gyatso, der 14. Dalai Lama, bezeichnet ihn in seiner Autobiographie als höchsten spirituellen Schutzherren Tibets. Mönche dieser Schule geben heute in Europa und den USA Einweihungen in diese Form des Buddhismus und seine Meditationstechniken. »Der geheime Pfad der großen Befreiung«, herausgegeben von Walter Y. Evans-Wentz, gibt Einblick in das Leben und die Meditationspraxis von Padmasambhava.

In der Zeit nach Padmasambhava kam es wieder zu einem Konkurrenzkampf mit der Bön-Religion und kurzfristig zum Verbot des Buddhismus und der Vertreibung der buddhistischen Mönche.

Die Buddhistische Missionierung war eine Zeit lang unterbrochen, manche Tibeter aber reisten nach Indien, um aus erster Hand Meditationsanweisungen zu empfangen.

Einer davon war *Guru Marpa* (1012–1097), auch »Marpa der Übersetzer« genannt. Er studierte in Bihar bei dem Tantriker Naropa Yoga und geheime Meditationstechniken und kehrte später wieder nach Tibet zurück.

Es heißt, Marpa hätte schon in jungen Jahren Sanskrit studiert. Er hätte sein ganzes Vermögen verkauft, um nach Indien zu reisen, wo er seinen Guru *Naropa* traf.

Dieser unterwies ihn 16 Jahre lang, ehe Marpa wieder zurück nach Tibet reiste. Wieder in Tibet, lebte er als Landwirt, heiratete und hatte mehrere Söhne. Er übersetzte bedeutsame spirituelle indische Texte ins Tibetische.

Auf der Suche nach weiteren Unterweisungen reiste er Jahre später erneut nach Indien. Nach seiner Rückkehr wurde Milarepa sein Schüler.

Im hohen Alter machte sich Marpa ein drittes Mal auf die Reise nach Indien und traf ein letztes Mal mit seinem Guru Naropa zusammen. Die Tibeter sehen in ihm das Ideal des verheirateten »Haushälters«, des Mannes, der sowohl ein spirituelles Leben führt und sich seinen diesbezüglichen Aufgaben widmet, zugleich aber auch seine weltlichen Pflichten nicht vernachlässigt, auch ein Sexualleben ist ihm gestattet.

Einer seiner Schüler *Milarepa* (1052-1139) wurde zum tibetischen Nationalheiligen. Seine Biografie, herausgegeben von Walter Evans-Wentz, beschreibt ein außergewöhnliches Leben. Milarepa bedeutet frei übersetzt etwa »der das Baumwollgewand des Asketen trägt«. Als Milarepa sieben Jahre alt war, verstarb sein Vater und der ganze Familienbesitz kam in die Hände geiziger Verwandter. Diese behandelten ihn und seine Mutter sehr schlecht. Um sich an den bösen Verwandten zu rächen, lernte Milarepa schwarze Magie und tötete durch Unwetter viele Menschen. Um seine Taten zu sühnen, wandte er sich an einen Lama, der ihn aber an den Guru Marpa verwies. Schließlich wurde Milarepa Marpas Schüler. Marpa unterzog ihn einer scheinbar äußerst grausamen Schulung, die Milarepa an den Rand des Selbstmordes trieb. So ließ ihn Marpa mehrmals für sich einen Turm errichten, den Milarepa immer wieder abbauen musste, weil er ihn nach Marpas Ansicht am falschen Ort errichtet hatte.

Erst als seine schlechten Taten durch Marpas »Behandlung« gesühnt waren, bereitete ihn Marpa auf das Leben eines Asketen vor und lehrte ihn auch die »Meditation der inneren Hitze« (Tumo).

Neun Jahre lang meditierte Milarepa in der eisigen Einsamkeit des Himalaja, nur mit einem Baumwollgewand bekleidet, und erlangte so Erleuchtung und Befreiung. Später nahm er Schüler an und lehrte auch mithilfe seiner Lieder. Der tibetische Arzt Gampopa, der ein Schüler Milarepas war, gründete später die tibetisch buddhistische Schule *Kagyüpa,* die auf Milarepa zurückgeht.

Milarepa ist ein Beispiel dafür, dass Erleuchtung und Befreiung von allem Karma in einem Leben möglich ist, selbst wenn man schwarze Magie betrieben und Menschen getötet hat. Unter Karma werden im Buddhismus und Hinduismus die »Früchte unserer Taten« verstanden.

Die Lehren Marpas und Milarepas sowie entsprechende Meditationstechniken hat Evans-Wentz in seinem Buch »Geheimlehren aus Tibet« veröffentlicht. Eine weitere Biographie von Milarepa, die sein Leben auch auf tibetischen Thankas abgebildet aufzeigt, stammt von Joss Bachhofer.

Im Laufe der Zeit entstanden zwei weitere große tibetisch-buddhistische Richtungen: *Sakyapa,* nach dem Kloster Sakya benannt und *Gelugpa,* von Tsongkapha gegründet, in denen der Meditation ebenfalls große Bedeutung zukommt.

Lange Zeit war es für Ausländer kaum möglich, nach Tibet zu gelangen. Nach der Besetzung Tibets durch die Volksrepublik China kam es 1959 zur Flucht des *14. Dalai Lama* ins indische Exil nach Dharamsala. Von dort aus sind Mönche aller tibetischen Schulen in den Westen gekommen, die Einweihungen und Ermächtigungen durchführen und ihre Meditationstechniken weitergeben.

Von Indien in den Westen

Ramakrishna (1836–1886) gilt als einer der berühmtesten Heiligen Indiens. Er wird von manchen Hindus auch als »Avatar«, als Inkarnation göttlichen Bewusstseins, angesehen. Ramakrishna wurde in Bengalen als Sohn armer Eltern geboren und erhielt so nur eine geringe Schulbildung. 1856 wurde er Priester in einem Kali-Tempel. Unter der Obhut von verschiedenen Lehrern und Gurus studierte er zwölf Jahre lang verschiedene Religionen und praktizierte spirituelle Übungen.

Von Ramakrishna wird berichtete, er hätte während seines Lebens den Hinduismus, das Christentum und den Islam praktiziert und auf allen drei Wegen zu Gott gefunden. Ramakrishna hatte viele Schüler, einer der berühmtesten, der den Yoga in den Westen brachte, war Swami Vivekananda. Swami ist in Indien ein Ehrentitel, der im Allgemeinen dem Mönchsnamen vorangestellt wird. Romain Rolland hat sowohl Ramakrishna als auch Vivekananda eine sehr lesenswerte Biografie gewidmet.

Swami Vivekananda (1863-1902) lernte sechs Jahre zu Füßen seines Meisters. Es heißt, Ramakrishna hätte schon bei der ersten Begegnung erkannt, dass Vivekananda später die Botschaft vom Kern der Einheit und Wahrheit in allen Religionen in aller Welt verbreiten würde.

Nach dem Tode seines Lehrers gründete Swami Vivekananda 1887 den Ramakrishna-Orden. Jahrelang durchwanderte er Indien als Saddhu. Ein Saddhu ist ein heiliger Mann, meist ein Mönch, der der Welt entsagt hat und Gott verwirklichen will.

1893 trat Swami Vivekananda auf einem Weltkongress der Religionen in Chicago auf. Er machte großen Eindruck auf alle Anwesenden. Im Anschluss daran hielt er Vorträge, schrieb Bücher über Yoga, übersetzte Patanjalis Yoga-Aphorismen und gründete einige Vedanta Gesellschaften. Auf dem Rückweg nach Indien besuchte er auch England, Frankreich und die Schweiz. Nach zwei Jahren in Indien ging er erneut nach England, später in die USA und kehrte erst 1900 wieder nach Indien zurück.

Der 1902 verstorbene Swami aus Indien brachte den Yoga und damit die Meditation in den Westen. Vermutlich war er der erste einer Reihe von Swamis und Gurus aus Indien, die in die USA und nach Europa kamen, in jedem Fall war er aber der erste bekannte und bedeutende Mönch aus Indien, der den Yoga und die Meditation in den Westen brachte.

Ein anderer großer Yogi, der 1920 in Boston an Land ging, war *Paramahansa Yogananda* (1893-1952), dessen »Autobiographie eines Yogis« in viele Sprachen übersetzt wurde. Der Name »Yogananda« bedeutet soviel wie »Glückseligkeit durch Yoga«. Schon als Kind hatte Yogananda mystische Erlebnisse, so erschien ihm

z. B. die Göttin Kali, und er vernahm Stimmen von Yogis, die am Himalaja wohnten. 1914 trat er in einen Mönchsorden ein und wurde von seinem Guru Sri Yukteswar in den Kriya Yoga eingeweiht.

Im *Kriya Yoga,* dessen Ursprung auf den indischen Gott *Krishna* und in der Folge auf *Babaji,* einen christusähnlichen Yogi zurückgeführt wird – der noch immer im Himalaja leben soll –, wird auf Mediationstechniken besonders Wert gelegt. Insbesondere die Konzentration auf die Chakras, auf göttliches Licht und den göttlichen Ton. Um Kriya Yoga praktizieren zu können, muss man von einem autorisierten Lehrer eingeweiht werden.

1917 gründete Yogananda eine Yogaschule in Indien und ging dann 1920 in die USA. Er blieb dort und hielt viele Vorträge in größeren Städten. 1925 gründete er die »Self Realisation Fellowship«, eine Art Mönchs- und Nonnenorden, deren Aktivität sich heute längst von den USA auf Europa und darüber hinaus ausgedehnt hat. Yogananda hielt viele Vorträge und gab Einweihungen in den Kriya Yoga.

1935 reiste er über Europa nach Indien und traf in Deutschland auch die stigmatisierte Therese Neumann in Konnersreuth. Diese erlitt im Alter von zwanzig Jahren einen Unfall, der sie blind und gelähmt zurückließ. 1923 wurde sie durch Gebete zur Heiligen Therese von Lisieux geheilt.

Vermutlich war Yogananda auch der erste Yogi, der nach Deutschland kam. 1937, nach dem Tode seines Gurus Sri Yukteswar, gründete er einen Ashram in Ecinitas Kalifornien. In den folgenden Jahren entstanden in Amerika und Europa zahlreiche Zentren der »Self Realisation Fellowship«, wo Schüler Einweihungen in den Kriya Yoga erhalten konnten.

Am 7. März 1952 hielt Yogananda eine letzte Ansprache und im Anschluss daran ging er in den *Mahasamahdi* ein. Der Mahasamahdi ist der letzte willentliche Austritt eines Yogi aus seinem Körper. Berichten zufolge zeigte sein Körper auch zwanzig Tage nach seinem Tode noch keinerlei Zerfallserscheinungen.

In diesem Zusammenhang ist zu erwähnen, dass großen Gurus außergewöhnliche Kräfte (»Siddhis«) zugeschrieben werden – ähnlich wie es auch von manchen katholischen Heiligen beschrieben ist. Michael Murphy führt in seinem Buch »Der Quantenmensch« mehrere römisch-katholische Heilige – darunter den *Heiligen Franz von Sales* und die *Heilige Bernadine von Siena* - an, deren Körper nach ihrem Tode ebenfalls längere Zeit unverwest geblieben sein sollen. Paramahamsa Yoganandas Leben und Einblick in die von ihm gelehrte Meditationsmethode ist in seiner Autobiographie nachzulesen.

1974 folgte Yogananda *Paramahansa Hariharananda,* der 1908 geboren wurde, in den Westen, um dort ebenfalls Kriya Yoga zu lehren und um eine Kette von Meditationszentren zu etablieren. Hariharananda, als Sohn einer Brahmanenfamile geboren, wurde mit zwölf Jahren in den Yoga eingeweiht. 1932 traf er Sri Yukteswar, der auch Yoganandas Guru war, und wurde von diesem in den Kriya Yoga eingeweiht. Später traf er mit Yogananda zusammen, erhielt eine weitere Einweihung und trat dann in einen Ashram ein.

1950 wurde er das Oberhaupt des Ashrams. 1951 autorisierte ihn Yogananda, Einweihungen in den Kriya Yoga durchzuführen.

Swami Hariharananda soll 1979 in den USA vor Ärzten den *Nirvikalpasamahdi* demonstriert haben. Das ist gemäß indischer Lehren die höchste Samadhi- (Erleuchtungs-) Stufe, solange man noch einen Körper besitzt. Das Gehirnstrombild des Elektroenzephalographen (EEG), der die elektrischen Aktionsströme des Gehirnes aufzeichnet, soll für mehrere Minuten keinerlei Ausschlag angezeigt haben. Einblick in den Kriya Yoga und in das Leben des Swamis geben seine Bücher zum »Kriya Yoga«.

Ein weiterer Swami, der 1958 aus Indien über die USA nach Kanada kam, um dort die Yogalehre im Auftrag seines Meisters zu verbreiten, war *Swami Vishnudevananda* (1927–1993). Sein Guru war Swami Sarasvati *Shivananda* (1887–1963), aus Rishikesh. Swami Shivananda war ursprünglich Arzt, aber 1923 verschrieb er sich dem Yoga. 1936 gründete er die »Divine Life Society« und 1948 die »Yoga Vedanta Academy«. Er selbst blieb in Indien, schickte aber viele seiner Schüler in alle Welt aus, um Yoga zu verbreiten. Seine Briefe und Bücher erreichten die ganze Welt. Eine kurze Biografie beider Swamis und auch anderer Gurus findet sich in dem Buch von Ernst Stürmer »Paradies Rishikesh«.

Vishnudevananda wurde 1957 in die USA entsandt, konnte aber erst in Kanada Fuß fassen. Von dort aus richtete er weltweit

Shivananada-Yogazentren ein, in denen neben Hatha Yoga auch Meditation gelehrt wird. Wir verdanken ihm auch Bücher über Hatha-Yoga und das Buch »Meditation und Mantras«.

Maharishi Mahesh Yogi, ein weiterer bedeutender Yogi, wurde vermutlich 1912 geboren und studierte später an der Universität Allahabad Physik. Noch während seines Studiums suchte Maharishi Mahesh Yogi den Kontakt zu dem von seinen Schülern respektvoll *Guru Dev* genannten Weisen Brahmananda Saraswati und wurde dessen Schüler. Guru Dev, was soviel wie »erhabener Lehrer« bedeutet, war der Vertreter einer langen Reihe von Meditationslehrern der vedischen Tradition. Guru Dev starb 1953, und Maharishi zog sich daraufhin in den Himalaja zurück.

1955 beschloss Maharishi, die von Guru Dev erlernte Meditationstechnik all jenen zugänglich zu machen, die daran interessiert waren. Er wanderte etwa ein Jahr lang durch Indien, hielt Vorträge und weihte viele in die *Transzendentale Meditation* (im Folgenden abgekürzt mit TM) ein.

1959 kam Maharishi in Hawaii an. Später ging er nach Kalifornien, und nachdem die Erfahrungen mit der TM so positiv waren, beschloss er Lehrer auszubilden, damit TM allen zugänglich gemacht werden konnte. Wenig später schickte sich Maharishi an, die USA, Europa und den Rest der Welt zu »meditierenden Menschen« zu machen.

Er und seine Meditationslehrer weihten unzählige Menschen in die Mantra-Meditation ein. 1967 erlernten die Beatles bei Maharishi Mahesh Yogi die Transzendentale Meditation am Fuße des Himalaja in Rishikesh. Die TM, auf die wir später noch genauer eingehen werden, ist die bisher am häufigsten wissenschaftlich untersuchte Meditationsmethode. Physiologische Veränderungen während der Meditation und positve Auswirkungen bei regelmäßiger Meditation konnten so wissenschaftlich erfasst werden.

Etwa 1975 begann Maharishi mit dem TM-Siddhi Programm, das auf Basis der TM und dem praktischen Einbezug der Yogasutren des Patanjali zu neuen Möglichkeiten führte, die außergewöhnlichen Fähigkeiten der alten Yogis durch das TM Siddhi-Programm bei Menschen unserer Zeit zu verwirklichen.

Dabei kam es auch zur Entdeckung des »Maharishi-Effektes«: Maharishi hatte gesagt, wenn 1% einer Gemeinschaft meditiere,

entstehe daraus eine positive Entwicklung für diese Gemeinschaft. In dem Buch von Elaine und Arthur Aron: »Der Maharishi Effekt« werden soziologische Untersuchungen dargestellt,
die diesen Effekt nachweisen sollen.

Seit 1978 befasste sich Maharishi auch mit dem alten naturheil-
kundlichen System Indiens, dem Ayurveda. Maharishi gründete
viele internationale Gesellschaften und Forschungseinrichtungen.
Erwähnenswert ist, dass aus der TM-Forschung zwei im Westen
begründete Meditationsmethoden hervorgingen, die ebenfalls
eine Mantra-Meditation darstellen: die *klinisch standartisierte Meditation* von Patricia Carrington und die so genannte *Benson-
Technik* oder *Relaxation Response* nach Herbert Benson. Beide
Methoden werden später ausführlich besprochen.

Ein anderer Mann aus Indien, der indische Weisheit mit Ansät-
zen westlicher Psychologie und Psychotherapie zu vereinen versuchte, war *Bhagwan Shree Rajneesh* (1931–1990) bzw. *Osho,* wie er
sich später, als er zum Buddhismus konvertierte, nannte.

Osho wurde im indischen Bundesstaat Madhya Pradesh geboren. Von frühester Kindheit an soll er über einen rebellischen,
unabhängigen Geist verfügt und seine eigene Wahrheit gesucht
haben, anstatt sich von dem Wissen und Glauben anderer Leute beeinflussen zu lassen. Nach seinen Angaben wurde er im
Alter von 29 Jahren erleuchtet. Nach Abschluss seines Studiums lehrte er mehrere Jahre lang Philosophie an der Universität
von Jabalpur, bereiste Indien, diskutierte, hielt Vorträge und
provozierte das indische Establishment.

Er entwickelte eigene Meditationstechniken *(Dynamische Meditation, Kundalini, Nataraj* usw.*),* die im Westen viel Anklang fanden.
Diese Meditationstechniken werden wir später im Einzelnen besprechen. Sein Ashram in Poona wurde weltberühmt, seine
Bücher zu Bestsellern. Seine Übersiedlung in die USA, politi-
sche und juristische Probleme, seine Verbannung aus den USA
und jede Menge Gerüchte sorgten auch über seinen Tod hinaus
für Popularität.

Die Lehrer, Gurus und Swamis aus Indien, die in den Westen
kamen und noch immer kommen, um dort Meditation, Yoga
oder Hinduismus zu lehren, haben uns mit dem »Weltkul-
turerbe« Indiens, dem Yoga und der Meditation, vertraut gemacht.

Allerdings ist nicht alles Gold, was glänzt: Möglichen Gefahren im Umgang mit Gurus, Swamis, Zenmeistern, Lamas, Yogameistern und anderen »spirituellen Lehrern« ist ein eigenes Kapitel vorbehalten.

Von Japan in den Westen

Von China aus über Korea gelangte der Buddhismus Mitte des 5. Jahrhunderts auch nach Japan. In einem Zeitraum von 50 Jahren konnte er sich mithilfe des Kaiserhauses vorerst weitgehend gegen die Shinto-Religion durchsetzen. Die in den damals entstandenen buddhistischen Klöstern lehrenden Mönche lehnten sich zunächst an die Lehrer aus China an, entwickelten dann aber eigenständige Schulen.

Auf Grundlage des Chan-Buddhismus von Bodhidharma entstand in Japan durch *Eisai Zenji* (1141-1215) die erste japanische Zen-Schule namens *Rinzai*. Eisai Zenji wurde schon als Knabe zum Mönch geweiht. Später reiste er zweimal nach China und wurde dort von Chan–Meistern ausgebildet. Nachdem er von seiner zweiten Reise wieder nach Japan zurückgekehrt war, gründete er das erste buddisthische Kloster in Japan, in dem Rinzai–Zen praktiziert wurde.

Die zweite japanische Zen-Schule heißt *Soto* und geht auf *Dogen Zenji* (1200–1253) zurück. Er gilt als eine der größten religiösen Persönlichkeiten Japans und wird dort von allen buddhistischen Schulen wie ein Heiliger oder Bodhisattva verehrt.

Bodhisattva ist ein Begriff aus dem Sanskrit und bedeutet soviel wie »Erleuchtungs-Wesen«. Im Mahayana-Buddhismus entspricht das einem die Buddhaschaft (Erleuchtung) anstrebenden Wesen, das jedoch solange verzichtet in das Nirvana einzugehen, bis alle Wesen erlöst sind und daher an der Erlösung der anderen Wesen mitarbeitet.

Dogen ging 1223 nach China, wo er als Schüler eines Meisters Erleuchtung erfuhr. 1227 kehrte er nach Japan zurück und lebte zehn Jahre in einem Kloster in Kyoto. Später zog er sich in eine Einsiedelei in die Provinz Echizen zurück. Aus seiner Einsiedlerhütte entwickelte sich mit der Zeit ein großes Kloster. Dieses Kloster ist bis heute eines der wichtigsten der Soto-

Schule geblieben. Dogens Hauptwerk »shobo-genzo« gilt als eines der bedeutendsten Werke des Zen und der religiösen Literatur Japans.

Vom 17. Jahrhundert bis in die Mitte des 19. Jahrhunderts verschloss sich Japan weitgehend den anderen Völkern. Zu Beginn des 20. Jahrhunderts entstanden neue buddhistische Reformbewegungen.

Der *Zen-Buddhismus* wurde von Europäern wie *Karlfried Graf Dürckheim* und dem katholischen Priester *Hugo M. Enomiya Lassalle,* der auch ein offiziell anerkannter Zen-Meister ist, nach Europa gebracht. Japanische Zen-Meister folgten in den Westen nach.

Karlfried Graf Dürckheim (1896-1988) stammte aus München und studierte Philosophie und Psychologie. Er war Assistent am Psychologischen Institut in Leipzig, 1932 Dozent an der Universität Kiel und Professor für Psychologie an der Pädagogischen Akademie. Von 1937 bis zum Kriegsende lebte er in Japan und begegnete dort dem Zen-Buddhismus. 1948 gründete er gemeinsam mit Frau Dr. Maria Hippius in Toodtmoos-Rütte eine existenital-psychologische Bildungs- und Begegnungsstätte. Es entstand die Initiatische Therapie, in die die Zen-Meditation einfloss. Seine Bücher »Zen und Wir« oder »Meditieren- wozu und wie« machten Zen im deutschsprachigen Raum bekannt.

Hugo M. Enomiya Lassalle (1898-1990) wurde in Externbrock in Westfalen geboren und wurde nach einem Philosophie- und Theologiestudium Priester. Später ging er nach Japan und wurde dort Superior der Jesuitenmission. Beim Abwurf der amerikanischen Atombombe auf Hiroshima wurde er verwundet und bleibend strahlengeschädigt. 1948 wurde er unter dem Namen Makibi Enomiya japanischer Staatsbürger und zugleich Ehrenbürger von Hiroshima. Er erlernte die Zen-Meditation und wurde später als Zen-Meister anerkannt. 1962 nahm er am 2. Vatikanischen Konzil teil. 1968 hielt er erste Zen-Kurse in Deutschland ab. Zudem schrieb er viele Bücher über Zen-Meditation. Wie er in seinem Buch »Zen und christliche Spiritualität« darlegt, kann seiner Ansicht nach ein gläubiger Christ durchaus Zen-Meditation praktizieren.

In vielen buddistischen Zentren in Europa und in den USA ist es heute möglich, Zen-Meditation unter der Leitung eines Zen-

Meisters zu erlernen. Der zeitgenössische holländische Schriftsteller Janwillem van de Wetering hat in zwei Büchern das Leben in einem Zen-Kloster in Japan sowie in einer Zen-Gemeinde in den USA beschrieben.

Religion und Meditation

Meditation ist als Element des religiösen Lebensvollzugs in den Weltreligionen von unterschiedlicher Bedeutung. Im Allgemeinen ist sie für den Buddhisten und den Hindu bedeutsamer als für den Christen oder den Moslem. Aber auch im Christentum, im Islam sowie in anderen Religionen wurde und wird Meditation praktiziert, wenn auch nicht von allen Gläubigen.
Im Folgenden möchte ich kurz darauf eingehen und die Unterschiede der Meditationspraktiken in einigen Religionen aufzeigen.

Meditation im Hinduismus

Der Hinduismus ist eine Religion, für die kein Religionsstifter bekannt ist. Er ist eine vielschichtige Religion, in dem unterschiedliche Kulte und religiöse Praktiken vorzufinden sind.
Die Hindus glauben an die Wiedergeburtslehre: Nach dem Tod verlässt die Seele den Körper, um nach einiger Zeit, die sie auch in anderen Sphären verbringen kann, wiedergeboren zu werden. Das Schicksal des Menschen wird vorwiegend durch seine Taten in diesem und in seinen vielen früheren Leben bestimmt, das ist das Gesetz des Karma. Durch Buße, Rituale, Meditation und ein gottgefälliges Leben, kann das ganze Karma schließlich aufgelöst werden, eine Befreiung aus dem Kreislauf der Geburten wird erreicht, der Mensch geht in das Nirvana ein.
In den Heiligen Schriften der Hindus, den Unpanischaden und der Bhagavadgita, finden sich Meditationsanleitungen. Der Kriya Yoga ist nach Hariharananda bereits in den Veden beschrieben, und die von Mahrishi Mahesch Yogi propagierte

transzendentale Meditation soll ebenfalls seit der Vedischen Zeit (2000 v. Chr.) bekannt sein.

Der Gott *Shiva* selbst, den besonders Tantriker und Yogis verehren, soll den Menschen die Meditation gelehrt haben. In der Bhagavadgita ist es der *Avatar Krishna,* der Arjuna in eine Meditationstechnik einweiht.

Für viele dieser Meditationstechniken gilt, dass sie den Menschen ursprünglich von Göttern oder anderen übernatürlichen Wesen gelehrt wurden.

In weiterer Folge waren es dann entsprechende Gurus, die diese Meditationstechniken an ihre Schüler weitergaben. Die geeignetsten unter den Schülern durften dann nach Erlaubnis ihres Gurus wieder andere in diese Techniken einweihen.

Von diesen Formen der Meditation sagen ihre Lehrer, dass sie nur dann wirken, wenn sie der Schüler im Rahmen einer Initiation durch den richtigen Guru oder einen von ihm autorisierten fortgeschritten Schüler erhält.

Der Guru kann die Initiation in eine bestimmte Technik auch verweigern, wenn er den Schüler oder die Schülerin für noch nicht reif oder als ungeeignet zur Verwirklichung dieser Methode hält.

Bei der Initiation in bestimmte Meditationstechniken müssen Körper und Geist vorher durch Yoga und Rituale in die richtige Aufnahmebereitschaft gelangen, sonst kann die Initiation nicht wirksam sein.

Für andere Gurus ist die Einweihung, die Initiation in Medationstechniken, keine Voraussetzung für Erfolg in spiritueller Hinsicht. Jeder kann spezifische Meditationstechniken verwenden, und obwohl ein Lehrer dabei vorteilhaft ist, ist es im Prinzip auch ohne Lehrer möglich, Meditation zu praktizieren, keineswegs darf der Lehrer aber bei »schwierigen Meditationstechniken« fehlen.

Eingebettet sind diese Meditationstechniken in entsprechendes kultisches Verhalten, wie spezifische ethische Vorschriften, spirituelle Vorschriften und Rituale, soziale Regeln, gegebenenfalls auch Ernährungsvorschriften, an die sich der Schüler ebenso zu halten hat wie an seine Meditationspraxis.

Meditation ist für Hindus und Buddhisten ein sehr wichtiges Instrument, um das eigene Karma aufzulösen, den Kreislauf der Geburten zu beenden und in das Nirvana einzugehen.

Auf die dabei meist zur Anwendung kommenden Meditationstechniken, wie Mantra-Meditation (Meditation auf Lautgestalten), Yantra-Meditation (Meditation auf optische Gestalten),
Meditation auf die Chakras, Meditation auf eine Gottheit oder
einen Guru (als dessen Verkörperung), werden wir im Kapitel
über Meditationsarten noch näher eingehen.

Meditation im Tantrismus

Der Ursprung des Tantra wird auf die älteste bekannte Kultur
des Industales – die Harappa-Kultur, ca. 3000 v. Chr. – zurückgeführt. Die Lehren und Übungen des Tantra nehmen im Hinduismus eine Sonderstellung ein. In Ihrem Buch »Die Welt des
Tantra« umschreiben Ajit Mokerje und Madhu Khanna Tantra
als die Lehren von dem Netzwerk der im menschlichen Körper
und Geist wie auch im Universum wirkenden Kräfte sowie die
Wissenschaft, die zur Beherrschung dieser Kräfte führt. Einige
Tantriker behaupten, dass Yoga und Meditation eigentlich tantrischen Ursprungs sind. So erzählt die Legende, dass Tantra
vom Gott *Shiva* und seiner Gemahlin *Parvati* gelehrt wurde.
Einige Schriften geben den Dialog Shivas mit Parvati wieder.
Dort erläutert Shiva seiner Gemahlin den Weg des Tantra, der
von der im Hinduismus sonst üblichen asketischen Lebensweise stark abweicht. Ganz wesentlich für das Tantra ist, dass es einen Weg zur Erleuchtung und Befreiung aufzeigt, auf dem der
Sexualität ganz besondere Bedeutung zukommt. Tantrische Sexualität ist gemäß den tantrischen Lehren der geeignetste Weg
zur Erleuchtung. Diese sakrale Sexualität unterscheidet sich jedoch von gewöhnlicher Sexualität. Yoga, Meditation und entsprechende Rituale sind seine Basis. Diese müssen bei einem
Guru erlernt werden, der aber die Initiation in den tantrischen
Weg auch verweigern kann, wenn er den Schüler oder die Schülerin als ungeeignet für diesen Weg erachtet. Interessant ist
auch, dass sich die Tantriker nie an die Kastenregeln des Hinduismus gehalten haben und dadurch, sowie durch die Beto-
nung der Sexualität, in Verruf kamen.
Die Meditationstechniken, die im südindischen Tantra benutzt
werden, entsprechen weitgehend denen des Hinduismus, insbesondere dem Kundaliniyoga.

Der Kundaliniyoga versucht, »die Kundalini zu erwecken«, eine
Energie, die im untersten Chakra schlummert und wenn einmal
erweckt durch die Sushuma (einem Energiekanal in der Mitte
der Wirbelsäule), in das höchste Chakra geleitet wird. Dann ver-
einigen sich Shiva und Shakti, die männliche und die weibliche
Kraft und Samahdi (oder Erleuchtung) tritt ein. Zum besseren
Verständnis mag die Abbildung auf Seite 70 dienen.

Im Tantra werden diese Übungen und Meditationstechniken –
etwa die Meditation auf die Chakras, die feinstofflichen Energiezentren unseres Körpers – auch im Zustand sexueller Erregung praktiziert und auch während der sexuellen Vereinigung.

Generell unterscheidet man im Tantra zwei Richtungen: für die
eine wird die sakrale sexuelle Begegnung mit einem Partner
bzw. einer Partnerin ausgeführt. Dabei wird der jeweilige Partner bzw. die Partnerin als göttliches Wesen betrachtet.

André van Lysebeth, der bekannte europäische Yogi und Tantriker, hat in seinem Buch »Tantra für Menschen von heute«
versucht, Theorie und Praxis des südindischen Tantra für den
heutigen Menschen aufzubereiten.

Ajit und Madhu haben in ihrem Werk einen hervorragenden
Einblick in das indische Tantra vermittelt. Ein weiteres durch
Inhalt und Darstellungen bestechendes Buch zum Thema Tantra haben Nik Douglas und Penny Slinger verfasst. Wesentliche
tantrische Meditationsübungen hat auch Omar Garrison veröffentlicht.

Für die andere Richtung ist die Vereinigung von Shiva und
Shakti ein innerer Prozess, der durch Meditation herbeigeführt
wird; dabei ist kein realer Partner, keine reale Partnerin nötig.
Einblick in den buddhistischen meditaiven Weg gibt das Buch
»Tantra als Lebensanschauung« von Herbert von Guenther.

Im *taoistischen Tantra,* wie es etwa von John Blofeld in seinem
Buch »Das Geheime und das Erhabene. Mysterien und Magie
des Taoismus« beschrieben wird, sind die Techniken sehr ähnlich. Es sind *Yin* und *Yang* (das Weibliche und das Männliche),
die sich zum Tao verbinden und damit Himmel und Erde vereinen. Auch hier gibt es, wie im tibetischen Tantra, beide Wege:
den sexuellen und den ausschließlich meditativen.

Das *tibetisch-buddhistische* Tantra, das weitgehend aus den Lehren Padmasambhavas und Guru Marpas und den lokalen tibeti-

schen Einflüssen entstanden ist, wird heute vorwiegend als ein
»inneres Tantra« verstanden.

Die Vereinigung von Shiva und Shakti ist für diese Richtung ein
Imaginationsprozess – eine Yantra-Meditation und nicht, wie im
südindischen Tantra, eine reale sexuelle Begegnung.

Das moderne westliche *Neo-Tantra,* das sich im Bereich von
Selbsterfahrung, Körpertherapie und Sexualtherapie ansiedeln
lässt, verbindet klassisches hinduistisches Tantra mit Formen
der modernen Psychotherapie und Psychologie.

Einen Einblick geben die Bücher von Sunyata Saraswati und
Bodhi Avinasha, Margo Ananand und Günther Nitschke. Im
Rahmen entsprechender Tantra-Workshops und Tantragruppen
ist das Erlernen und die Praxis von Meditationstechniken ebenfalls üblich.

Meditation im Taoismus

Der Taoismus wird auf *Lao Tse* zurückgeführt, der das *Tao te king*
geschrieben hat. Er geht davon aus, dass der Mensch danach
streben soll, der kosmischen Ordnung zu entsprechen. Der Weg
dorthin ist das Tao. Dieses kann jedoch nicht in Worte gefasst
werden. Im Gleichklang mit der Natur zu handeln (wu-wei) ist
eine der wichtigen Regeln. Das Tao ist jedoch auch der kosmische Ursprung, aus dem *Yin* und *Yang,* die Polaritäten, entstanden sind.

Taoistische Meditationstechniken dienen dazu, ein »Unsterbli-
cher« zu werden, das Tao wahrzunehmen und die Vereinigung
mit dem Tao herbeizuführen. »Taoistische Unsterbliche« führen
allerdings kein ewiges Leben im Körper, wie oft angedeutet
wird, vielmehr werden sie durch das Eingehen in das Tao un-
sterblich. In diesem Zusammenhang ist auch das Buch von
Guenther Endres »Die sieben Meister des wunderbaren Tao«
lesenswert. Die Meditationspraxis der Taoisten, begleitet von
weiteren taoistischen Übungen, besteht vorwiegend aus Meditation auf die inneren Energiezentren, wie das auch im Tantra
und Kundaliniyoga üblich ist. Die entsprechende taoistische
Meditationspraxis hat Lu Kuan Yü in seinem Buch »Geheimnisse der chinesischen Meditation« beschrieben.

Meditation im Buddhismus

Der Buddhismus beruht auf den Lehren von *Siddhartha Gautama*, bekannt als der *Buddha* (der Erleuchtete). Siddhartha wurde ca. 563 v. Chr. als Sohn des Herrschers eines kleinen indischen Königreiches, nahe der Grenze zwischen Indien und Nepal, in Kapilavastu im heutigen Nepal, geboren. Die Legende berichtet, dass von den Weisen der Umgebung schon bei seiner Geburt Anzeichen auf eine große Bestimmung wahrgenommen wurden. Er sei dazu bestimmt, ein großer Herrscher oder ein großer Weiser zu werden. In wohlhabenden Verhältnissen aufgewachsen, heiratete Siddhartha mit 16 Jahren. Nach der Geburt seines Sohnes verließ er im Alter von neunundzwanzig Jahren seine Familie und zog in die Hauslosigkeit, um das Leid zu überwinden und um Erleuchtung zu erlangen. Es wird berichtet, dass Siddharthas Begegnungen mit einem alten Menschen, mit einem Kranken, der Anblick eines Toten und die Begegnung mit einem Mönch ausschlaggebend für seinen Weg in die Hauslosigkeit gewesen seien. Nach langen Jahren unterschiedlichster religiöser Übungen (Fasten, Askese, Yoga, Meditation) verwarf Buddha die Askese. Er ging nach Bodhi Gaya, wo er sich unter einem Feigenbaum niederliess und gelobte, solange in Meditation zu bleiben, bis er das Rätsel des Leidens gelöst habe. Nach 49 Tagen intensiver Meditation fand er hier im Alter von 35 Jahren die Erleuchtung. Von diesem Augenblick an war Siddhartha ein Buddha, ein »Erwachter«. Er wusste, dass es für ihn keine Wiedergeburt mehr geben würde.

Nach anfänglichem Schweigen, weil die Erfahrung der Erleuchtung verbal nicht mitteilbar ist, begann er zu predigen und Schüler um sich zu sammeln. Diesen teilte er seine Erkenntnisse mit, schließlich entstand ein Orden, die *Sangha*. Siddhartha soll mit 80 Jahren an einer verdorbenen Speise gestorben sein. Buddha selbst hat keine Schriften hinterlassen, seine Lehrreden wurden später von seine Schülern aufgezeichnet.

Der Schwerpunkt seiner Lehren sind die *vier edlen Wahrheiten:*

- die Wahrheit vom Leiden
- die Wahrheit von der Entstehung des Leidens

- die Wahrheit von der Aufhebung des Leidens
- der Weg, der zur Aufhebung des Leidens führt – der achtfache Pfad.

Der achtfache Pfad besteht aus:
- dem rechten Verstehen
- dem rechten Denken
- dem rechten Reden
- dem rechten Handeln
- dem rechten Leben
- dem rechten Streben
- der rechten Achtsamkeit
- der rechten Versenkung

Unter rechter Versenkung ist die Meditation zu verstehen, die zur Erleuchtung führt. Im achtfachen Pfad finden sich unterschiedliche Meditationstechniken. Buddha, so lesen wir bei Daniel Goleman in »Buddhas Lehre von der Meditation und den Bewusstseinszuständen«, hatte alle Pfade der Meditation beschritten, ehe er in das Nirvana gelangte. Besonders wichtige Meditationsformen im Buddhismus, die später noch näher erläutert werden, sind die folgenden: Die *Vipassana-Meditation* und die *Samatha-Meditation* sowie die *Zen-Meditation* (*Zazen*), eine besondere Meditationsform, bei der die Augen geöffnet bleiben.

Meditation im Christentum

Das Christentum ist eine Glaubensbewegung, die ihre Wurzeln im Spätjudentum hat und sich auf Jesus von Nazareth, den Christus, als Stifter beruft. Die Anhänger des christlichen Glaubens sind in zahlreichen Gemeinschaften und Organisationen wie Kirchen, Freikirchen und religiösen Gemeinschaften zusammengeschlossen.

Aus der Heiligen Schrift, dem Leben Jesu und der Apostel sind keine überlieferten Meditationsmethoden bekannt. Es existiert jedoch eine christliche Mediationstradition, die bereits in der Alten Kirche entstand. Der Begriff »Alte Kirche« bezeichnet die

Epoche von den Anfängen der Kirche in Palästina bis zum
Übergang zum Mittelalter.

Diese Meditationstradition verbindet sich im Mönchtum des
Mittelalters mit der Kontemplation als christliche Lebenshal-
tung, der Idee der asketischen Lebensführung und Elementen
der Mystik. Das lateinische Wort »contemplari« bedeutet »be-
schauen«; es geht dabei um eine intensive Konzentration auf
den eigenen Atem, auf eine Befreiung des Geistes und der Gedanken, oft mit Hilfe eines kurzen, wiederholten Gebetes.

Die »Geistlichen Übungen«, das bekannte Meditationswerk des
Ignatius von Loyola (1491–1556), bewirkten innerhalb des Chri-
stentums durch den Geist der Renaissance eine Epoche der Spiritualität.

Auch das protestantische Christentum zeugt von einer erfüllten
Tradition der Meditationspraxis. In diesem Zusammenhang sei-
en auch die »meditativen Gottesdienste« erwähnt, in denen im
Gegensatz zu herkömmlichen Gottesdiensten die Betrachtung
von Bildern, Gegenständen und Texten Mittelpunkt sind.

Befasst man sich näher mit dem Christentum, findet man auch
religiöse Übungen, die man als Meditation bezeichnen kann.
Josef Weismayr berichtet in seinem Buch »Leben in Fülle. Zur
Geschichte und Theologie christlicher Spiritualität« vom *Jesusgebet,* auf das wir später noch eingehen werden. Als eine weitere Art der Meditation kann z. B. auch das Beten des Rosenkranzes betrachtet werden.

Die Geschichte des Rosenkranzes beginnt nach Karl Joseph
Klinkhammer mit Adolf von Essen. Diesem wurde die Gnade
geschenkt, beim Beten von 50 »Ave Maria« das Leben Jesu mit
der Mutter Gottes zu betrachten. Adolf von Essen wurde später Prior der Trierer Karthause, von wo aus sich die Tradition
des Rosenkranzbetens in der gesamten katholischen Kirche wei-
terverbreitete.

Auch in der evangelischen Kirche hat sich in den letzten Jahren eine ausgeprägte Meditationsbewegung durchsetzen können. In einigen Landeskirchen wurden Ausbildungslehrgänge
für MeditationsanleiterInnen eingerichtet.

Zusammenfassend bietet die christliche Meditationspraxis eine
Möglichkeit, Körper, Sinne, Gefühle und Geist in Einklang zu
bringen, um Gott neu und umfassend zu erfahren.

Meditation im Islam

Auch im Islam ist für den Gläubigen das Gebet und die Vorschriften aus dem *Koran* zum Vollzug der Religion ausreichend.
Im Koran sind keine Meditationsmethoden beschrieben. Wie
wir aber anhand des Gebetes im Christentum festgestellt haben,
kann das Gebet zur Meditation führen. Dies trifft mit Sicherheit
auch auf die Gebete anderer Religionen zu.

Meditative Techniken sind jedoch bei den *Sufis* gebräuchlich.
Die Sufis sind ein religiöser islamischer Orden. Ihr Name ist
von *Sufiya,* dem arabischen Wort für Wolle, abgeleitet, weil die
Sufis in der Regel mit langen Wollgewändern bekleidet waren.
Die Sufis wollen nicht nur die Vorschriften des Koran beachten,
sie gehen auch einen »inneren Weg«, um so die Hingabe (Islam) an Gott vollständig zu erfüllen.

Der *Prophet Mohammed* (570–632) dient den Sufis auch als Vorbild und wird als der erste »Sufi« betrachtet, der ein gänzlich
von Gott durchdrungenes Leben führte. Der Sufismus umfasst
eine große Anzahl unterschiedlicher Orden und Bruderschaften,
die unterschiedliche spirituelle Techniken praktizieren.

Die Sufis beschreiten einen »inneren Weg«, der oft mit dem indischen Yoga verglichen wird.

So verweist etwa Herbert Benson in seiner Untersuchung »Die
Geschichte der Mantra-Meditation« auf die Sufis, die durch
ständige Wiederholung von Gottes Namen meditative und mystische Erlebnisse hervorrufen können.

Nach Robert Ornstein sind entsprechende Schriften, die diesen
Weg aufzeichnen, allerdings kaum erhältlich, da die Sufis meinen, dass auch immer Ort, Zeit und Zustand des Schülers für
die Lehre des Weges bedeutsam sind.

Eine Veröffentlichung detaillierter Praktiken könnte zu einer
falschen Anwendung führen. Mircea Eliade, der in seinem Buch
über Yoga auf die Ähnlichkeit zum sufischen *Dhikr* zu sprechen
kommt, beschreibt fragmentarisch Meditationsübungen der Sufis.

Abschließend können wir sagen, dass Meditation als spirituelle
Praxis im Hinduismus, Tantrismus, Buddhismus und Taoismus
einen festen Platz einnimmt. Im Judentum, im Christentum
und im Islam werden im Allgemeinen keine Meditationsprakti-

ken als Weg zu Gott empfohlen; besonders wichtig aber ist für diese Religionen das Gebet. Das Gebet kann zur Meditation führen, und manche Gebetsformen entsprechen technisch gesehen der Mantra (Yantra)-Meditation.

Esoterik und Meditation

Der Begriff Esoterik stammt aus dem Griechischen (esoteros). Ursprünglich war er die Bezeichnung für Kultpraktiken, religiöse und spirituelle Techniken, geheimes Wissen etc., die einer Gruppe von Eingeweihten vorbehalten waren. Dieses esoterische »Wissen« gelangte nicht an die Allgemeinheit; es unbefugt weiterzugeben, wurde schwer bestraft.

Diese enge Bedeutung hat sich in den letzten 30 Jahren allerdings stark gewandelt. Esoterik steht heute für eine spirituelle Aufbruchsbewegung, meist unabhängig, teilweise im Widerspruch zu den Lehren der Weltreligionen.

Dem Bereich Esoterik kann man heute so unterschiedliche Bereiche, wie Magie, Schamanismus, Astrologie, Tarot, Theosophie, Antroposophie, Reiki, Ufo-Forschung und vieles mehr, was weder Religion noch Wissenschaft im engeren Sinn ist, zuordnen. Esoterik kann so gesehen als Oberbegriff für spirituelle Aufbrüche in der Gegenwart verstanden werden.

In der Zeit von New Age - dem Wassermannzeitalter –, passend populär in dem Musical Hair dargestellt, und dem Aufstieg dieser neuen Esoterik hat die Meditation in vielfältiger Form und in Kombination mit anderen esoterischen Techniken und Übungen neue Interessenten gefunden.

Das esoterische Angebot reicht von realtiv harmlosen New Age–Glaubensgemeinschaften und Sekten bis hin zu bizarr wirkenden Workshops, Informationsveranstaltungen und Einweihungen. Meditationsübungen werden auch in Büchern dargestellt, umgeben und eingebettet in entsprechende esoterische Belehrungen oder Trainingsprogramme.

Dass einige Personen, die »esoterische« Dienstleistungen und Meditationskurse im Besonderen anbieten, vorwiegend an ihre

Geldbörse denken, andere Meditationen als geführte Fantasiereisen missverstehen oder mit einem unseriösen Psychokult verbinden, ist zu bedenken. Letztlich gibt es aber auch seriöse Anbieter, bei denen man geeignete Techniken erlernen kann.

Um sich Enttäuschungen und Kosten beim Erlernen von Meditation zu ersparen, ist es sinnvoll, sich über Inhalte, Vorgehen und die Person des Leiters genau zu informieren und im Zweifelsfall lieber einen geeigneteren Lehrer auszusuchen. Hilfreiche Kriterien bei der Auswahl sind vielleicht auch Beruf, Ausbildung, soziale Stellung und Reputation sowie die Zugehörigkeit zu einer bestimmten Gruppierung. Im Kapitel »Gurus, Einweihungen, Meditationslehrer, Meditationskurse, Workshops« finden sich diesbezüglich weitere Hinweise.

Psychotherapie und Meditation

Manche Menschen neigen zu der Meinung, dass Meditation eine Form der Psychotherapie sei. Diese Meinung ist aber falsch. Es mag sein, dass Meditation dazu beiträgt, einige psychische Probleme zu bessern, aber Meditation alleine kann keine psychischen, psychosomatischen oder psychosozialen Probleme lösen.

Psychotherapie ist eine vom Psychotherapeuten bewusst eingesetzte und geplante Kommunikation (in einigen Therapieschulen auch oftmals verbunden mit spezifischen Übungen, körperlicher, sozialer oder kommunikativer Art) zur Veränderung oder Heilung von psychischen, psychosozialen und psychosomatischen Leidenszuständen.

Psychotherapeuten haben unterschiedliche Zugangsberufe und eine mehrjährige spezifische Ausbildung in ihrer Therapiemethode. Die bekanntesten psychotherapeutischen Schulen sind sicher die Psychoanalyse und die Verhaltenstherapie. Einen Überblick über die verbreitenden Therapieschulen bietet das Buch »Einführung in die Psychotherapie« von Gernot Sonneck. In den meisten europäischen Ländern ist der Berufstitel Psychotherapeut gesetzlich geschützt. In Europa gibt es überdies einen Qualifikationsnachweis, das »European Certificate of Psychotherapy«.

Meditation ist also keine Psychotherapie, kann aber Psychotherapie unterstützen oder in eine Psychotherapie integriert sein, etwa als übendes Verfahren im Sinne einer Entspannungsmethode oder als Methode zum Stressabbau.

Meditation kann aber auch als kognitive Übung zur Bewusstmachung von Denkprozessen oder Emotionsabläufen praktiziert werden, vor allem wenn diese mit einem Leidenszustand verbunden sind.

Meditation kann dabei sowohl in der üblichen Weise »im ruhigen Zimmer meditierend« als auch im Sinne einer »strategischen Meditation« – ein Ausdruck von Patricia Carrington – in einer ängstigenden, stressenden oder belastenden Situation direkt ausgeübt werden. In diesen Situationen zu meditieren, ist sinnvoll, um emotional stabiler oder ausgeglichener zu sein oder um Kraft und Energie zu tanken.

Um dabei erfolgreich zu sein, ist es aber erforderlich, zuvor schon allein, im ruhigen Zimmer meditieren zu können, dann mit geöffneten Augen im stillen Zimmer, dann mit geöffneten Augen in der U-Bahn, an öffentlichen Plätzen, letztlich dann vor, während oder nach einer körperlich oder psychisch belastenden Situation.

Meditation bei Angststörungen

Die Angststörungen kann man grob in Phobien, Angstneurosen und Zwänge unterteilen.

Wie aus der Verhaltenstherapie seit langem bekannt, sind Angst und Entspannung einander entgegengesetzt. Ein Mensch kann nicht Angst erleben, wenn er entspannt ist, und ein Mensch, der Angst erlebt, ist nicht entspannt.

Wenn man dann in der Lage ist, sich in einer angstauslösenden Situation zu entspannen, wird das Angsterlebnis massiv abgeschwächt. Es kann nach einiger Zeit ganz verschwinden, und man kann weitgehend ungestört auf diese Situation reagieren. Statt einer der üblichen Entspannungsmethoden kann hier auch Meditation erfolgreich wirken.

Der Verhaltenstherapeut Leone Boudraou behandelte einen Angstpatienten erfolgreich, indem er die TM, die der Patient erlernt hatte, als Basis für die systematische Desensibilisierung nützte. Bei dieser Methode der Verhaltenstherapie beginnt der Angstpatient damit, sich angstauslösende Situationen oder Objekte im entspannten Zustand vorzustellen. Boudraus Patient sollte nach diesen Vorstellungen TM praktizieren. Dieser Ansatz erwies sich bei diesem Patienten als sehr erfolgreich.

In der modernen Verhaltenstherapie gibt es zur Behandlung von Angststörungen unterschiedliche Therapieansätze. Die Anwendung von Entspannungsverfahren ist jedoch nach wie vor eine Möglichkeit. Wenn ein Patient Meditation erlernt hat, kann es äußerst sinnvoll sein, diese auch für die Therapie zu nützen. Es muss dann keine andere Entspannungsmethode zusätzlich erlernt werden. Natürlich ist dabei Voraussetzung, dass der Psychotherapeut selbst ausreichende Kenntnis der Methode oder noch besser Eigenerfahrung mit Meditation besitzt.

Einer meiner Patienten, der an einer *Klaustrophobie* (einfach gesagt der Angst vor kleinen oder geschlossenen Räume) litt, hat durch die Kombination von Kognitiver Therapie und Meditation enorm profitiert. Er hatte früher in einem Yogakurs auch eine Mantra-Meditation erlernt, diese jedoch, wie auch das Yoga, jahrelang nicht mehr praktiziert. Wenn er in der U-Bahn oder mit dem Lift fahren musste, bekam er massive Angstzustände. Diese führten zur Vermeidung von Liften, die U-Bahn konnte er jedoch nicht meiden, da er mit ihr zur Arbeit und nach Hause fahren musste.

Ich kann hier nicht auf den Verlauf der ganzen Therapie eingehen. Als der Patient aber mithilfe seiner früher gelernten Mantra-Meditation wieder beschwerdefrei U-Bahn fahren konnte, war ein ganz wichtiger Schritt in der Therapie erfolgt. Ich hatte ihn dazu angeleitet, seine Meditationspraxis wieder aufzunehmen und nach einiger Übung so zu verändern, dass er seine Mantra-Meditation auch mit offenen Augen durchführen konnte. Zuerst musste er das zu Hause üben und dann in der U-Bahn. Nach kurzer Zeit konnte er wieder angstfrei U-Bahn fahren. Mit derselben Technik lernte er auch wieder, angstfrei den Lift zu benutzen.

Patricia Carrington (eine erfahrene Psychologin) hat Meditation
als therapeutische Intervention bei *Prüfungsangst* erfolgreich angewandt. Die Studenten sollten sich vor der Prüfung ruhig in
eine Ecke setzen und meditieren. Der Vorteil für jene Studenten, die in Prüfungssituationen nervös und ängstlich werden,
was meistens mit einer erhöhten Aktivierung im Gehirn verbunden ist, ist dass sie durch die Meditation entspannter werden. Dabei sinkt die Erregung im Gehirn ab, und das Denk-
und Erinnerungsvermögen erreicht den optimalen Leistungs-
bereich.

Neigt man jedoch nach der Meditation zu Schläfrigkeit (was eigentlich nicht vorkommen darf, wenn man richtig meditiert!),
dann sollte man nach Carrington ca. eine Stunde vorher meditieren, da man sonst vielleicht »zu entspannt« oder besser »zu-
wenig wach« in die Prüfung hineingeht.

Bei einer *Angstneurose,* die dadurch gekennzeichnet ist, dass
mehr oder weniger permanent ein hoher Grad an Angst erlebt
wird, ist ein anderes Vorgehen mittels Meditation zielführend.
Eine Achtsamkeitsmeditation die sich auf die eigenen Gedanken richtet, kann hier ganz im Sinne der Kognitiven Therapie
nach Beck äußerst sinnvoll sein.

Aron T. Beck, ein Psychotherapeut, der sich mit den gedankli-
chen Prozessen bei Neurosen beschäftigt hat, konnte aufzeigen,
dass die Wahrnehmungs- und Denkprozesse bei Angststörungen, Depressionen und Persönlichkeitstörungen für die psychotherapeutische Behandlung von großer Bedeutung sind.

Vereinfacht dargestellt ist aus seiner Sicht die Angstneurose wesentlich durch ständiges automatisches Denken angstmachender
Gedanken gekennzeichnet. Die selektive Aufnahme von
angstauslösenden Informationen im Gegensatz zu angstreduzie-
renden ist dafür weitgehend mitverantwortlich. In der Therapie
ist es ein wichtiger Schritt, diese angstauslösenden Gedanken
wahrzunehmen, zu identifizieren, auf ihren Realitätsbezug hin
zu diskutieren und das Vermeidungsverhalten abzulegen.

Aus meiner eigenen Praxis kann ich sagen, wenn man einen Patienten dazu motivieren kann, mithilfe einer »Achtsamkeitsmeditation« seine (automatischen) Gedanken wahrzunehmen und
im Laufe der Zeit einen Abstand zu diesen zu gewinnen, ist das
ein großer Schritt zum Therapieerfolg.

Darüber hinaus mag es in besonders ängstigenden Situationen ab und zu sinnvoll sein, kurz mit offenen Augen auf das Mantra zu meditieren.

Auch bei *Zwangserkrankungen,* die sich in Denk- oder Handlungszwänge unterscheiden lassen, spielen die Gedanken eine sehr bedeutsame Rolle. Meistens sind es irgendwelche Katastrophengedanken, die zu dem Zwangsverhalten führen. In der sehr erfolgreichen Expositionstherapie wird auf Entspannungstechniken weitgehend verzichtet, dennoch wäre ein Einbezug von Meditation bei Patienten, die meditieren können, wahrscheinlich sinnvoll.

Meditation bei Depressionen

Unter den Begriff Depression werden unterschiedliche psychische Störungsbilder, deren Entstehung und Symptomatik ebenfalls unterschiedlich sein können, zusammengefasst. Häufige Symptome sind: Gefühle von Niedergeschlagenheit, Trauer, Hoffnungslosigkeit, depressiogene Denkstrukturen, sozialer Rückzug, Isolation, Vermeidungsverhalten und andere mehr.

Beck hat in seiner Kognitiven Therapie die »kognitive Trias« depressiver Menschen herausgearbeitet. Ein negatives Selbst-, Zukunfts- und Weltbild sowie die selektive Aufnahme von depressionsfördernden Informationen im Gegensatz zu erfreulichen sind hier Schwerpunkte. Daraus resultierend kommt noch das Vermeidungsverhalten dazu: weil nur Negatives erwartet wird, zieht sich der Depressive zurück und schneidet sich damit auch von möglichen positiven Erlebnissen ab. Der Depressive hat depressiogene Gedanken: »Es wird schief gehen«, »Niemand mag mich«, »Da brauch ich erst gar nicht hingehen« »Das ist alles sinnlos« usw.

Von großer Bedeutung in der Kognitiven Therapie ist, dass der Patient lernt, seine negativen automatischen Gedanken bewusst wahrzunehmen und ihre »Aussagen« an der Realität zu überprüfen. In der Regel führt dies dazu, dass das Vermeidungsverhalten und die Isolation des Patienten aufgegeben werden, positive Erlebnisse wieder möglich sind, depressiogenes Denken und Wahrnehmen reduziert wird und schließlich die Depression abgelegt ist.

Aus meiner eigenen therapeutischen Praxis mit depressiven Menschen weiß ich, wie sinnvoll eine »Achtsamkeitsmeditation«, eine Beobachtung der eigenen Gedanken und der so zu gewinnende Abstand zu den depressiogenen Gedanken, sein kann.

Natürlich ist das - wie auch bei der Angstneurose - nicht die ganze Therapie, aber ein sehr wichtiger Teil auf der Reise aus der Depression.

In der Therapie von Karl, der an einer neurotischen Depression litt, zeigte sich für mich die Sinnhaftigkeit der Achtsamkeitsmeditation bei Depressionen. Nachdem Karl erkannt hatte, dass seine Gedanken und sein Verhalten maßgebend an seiner depressiven und resignativen Stimmung beteiligt waren, begann er regelmäßig mit der Achtsamkeitsmeditation und notierte im Anschluss daran seine Gedanken. In den Therapiesitzungen besprachen wir die von ihm aufgezeichneten Gedankenprozesse im Hinblick auf negative, depressiogene Ausprägungen und das daraus bisher abgeleitete Vermeidungsverhalten. Karl lernte, sich durch seine »negativen Gedanken« nicht mehr von sinnhaften und potentiell Freude auslösenden Aktivitäten abhalten zu lassen, trotz negativer Erwartungen in neue Situationen hineinzugehen und die Erkenntnis zu gewinnen, dass seine eigenen Befürchtungen weitaus größer waren als die tatsächlichen Erlebnisse. Nach einiger Zeit erzielten wir so eine Änderung seines Denkens, seines Verhaltens und seiner Befindlichkeit, die Depression verschwand.

Carrington weist auch darauf hin, dass bei Menschen mit chronisch unterschwelligen (leichten) Depressionen Meditation hifreich ist, um ein Gefühl des Wohlbefindens herbeizuführen.

Aus meiner Sicht ist für diese Menschen Meditation mittels Mantras, Yantras oder auf die Chakren sinnvoll. Durch die Meditation können sie positive Erfahrungen machen, die gegen den »Unbill des Alltags« ein Schutzschild darstellen. Bei regelmäßiger Meditation kommt es dann gar nicht zu so einem »Tief«, wie es bei schweren Depressionen erlebt wird.

Meditation bei psychosomatischen Erkrankungen

Psychosomatische Erkrankungen sind dadurch gekennzeichnet, dass psychische Faktoren an der Entstehung oder Aufrechterhaltung einer körperlichen Erkrankung ursächlich mitbeteiligt sind. Daher werden psychosomatische Erkrankungen idealerweise sowohl medizinisch als auch psychotherapeutisch behandelt. Zu den bekanntesten psychosomatischen Störungsbildern gehören etwa Magen- oder Darmgeschwüre, spezifische Formen von Asthma, funktionelle Beschwerden ohne Organbefund, spezifische Formen des Kopfschmerzes, Anorexia Nervosa (Magersucht), manche Herzerkrankungen und andere mehr. Auch der Einfluss von psychischen Faktoren auf Krebserkrankungen und Herzinfarkt wird seit geraumer Zeit diskutiert.

Benson und Wallace konnten durch ihre Forschungen zeigen, dass *erhöhter Blutdruck* durch Transzendentale Meditation absinkt. Die Veränderungen halten aber nur an, wenn regelmäßig meditiert wird. Diese Untersuchung wurde durch Folgestudien bestätigt, die bei Wolfgang Schachinger und Ernst Schrott zusammengefasst sind. Auch zur Entlastung von Hochdruckkrisen, die meist durch psychoszialen Stress entstehen, ist TM wirksam.

Eine Verbesserung des Krankheitsbildes kann auch bei *Bronchialasthma* mittels TM erreicht werden, wie Honsberger und Wilson in einer wissenschaftlichen Untersuchung feststellen konnten.

Carrington berichtet auch über Erfolge durch Meditation bei *Spannungskopfschmerzen*. Eine Untersuchung von Overbeck in Deutschland zeigte auf, dass Kopfschmerzen mittels TM beeinflussbar sind. Bei rund einem Drittel der Patienten gingen sie im Laufe von drei Jahren zurück.

Auch bei der Behandlung von *Migräne* kann Meditation, wie Benson und seine Mitarbeiter in zwei Studien feststellen konnten, zur Besserung beitragen.

Schlafstörungen, die sich grob in Einschlaf- oder Durchschlafstörungen unterteilen lassen und für die unterschiedliche Ursachen möglich sind, lassen sich durch Meditation bessern. So zeigte etwa Miskiman in seiner Studie, dass mittels TM bei chronisch schlafgestörten Menschen die Einschlafzeit von 75 auf 15 Minuten reduziert werden konnte.

Auch bei Schmerzen aufgrund einer Verengung der Herzkranz-
gefäße (*Angina Pectoris*) konnten durch Zamara und seine Mitarbeiter Verbesserungen des Beschwerdebildes durch TM erhoben
werden.

Möglicherweise reduziert TM auch die *Ateriosklerose* und damit
das Risiko eines Herzinfarktes, wie unlängst ein Bericht in der
Fachzeitschrift »Stroke« (3/2000) nahe legt.

Das folgende Beispiel bei Herzbeschwerden ist ein Fall aus meiner Praxis: Eine Patientin, die an Angststörungen und Herzschmerzen litt, kam zu mir, weil sie eine Therapie bei einem
Psychotherapeuten mit Meditationserfahrung suchte. Gegen die
Angststörung, eine Phobie, hatte sie Medikamente bekommen,
die sie aber nicht mehr einnahm, da diese nicht gewirkt hätten.
Darüber hinaus fürchtete sie die Nebenwirkungen bzw. die Abhängigkeit von diesen Medikamenten. Eine Untersuchung ihres
Herzens war ohne Befund geblieben, die Ursache ihrer Herzschmerzen konnte ebenfalls medizinisch nicht geklärt werden.

Die Patientin hatte früher einmal einen Hathayoga–Kurs gemacht und fragte, ob ihr Meditation bei ihrer Phobie helfen
könne. Nachdem ich mir ein Gesamtbild über die Patientin,
ihre Beschwerden und ihr berufliches und soziales Umfeld mittels eines ausführlichen Explorationsgespräches und einer Be-
dingungsanalyse gemacht hatte, konnte ich ihre Frage bejahen.
Mittels einer Mantra-Meditation gelang es ihr in kurzer Zeit,
ihre Phobie abzulegen.

Schwieriger erwiesen sich ihre Herzbeschwerden, für die es keinen medizinischen Befund gab. Trotz erneuter ausgiebiger Untersuchung in einer Klinik konnte keine Ursache festgestellt
werden. Die Herzschmerzen, die scheinbar spontan auftraten,
führten bei der Patientin häufig zu Todesangst und Gedanken,
wie »sie müsse jetzt gleich sterben«.

Aus der Exploration vermutete ich einen Zusammenhang mit
der Trennung von einem Partner, die zeitlich vor dem ersten
Auftreten dieser Herzsymptome lag. In der Therapie konzen-
trierten wir uns auf ihre aktuelle und auch auf die vergangene
Beziehung. Das brachte ihr zwar wertvolle Einsichten, aber die
Symptome veränderten sich nicht. Nach einiger Zeit der Therapie schien sie mit ihrem Leben, ihrem Beruf und ihrem Partner weitgehend zufrieden, wobei sie da und dort Veränderun-

gen herbeigeführt hatte. Allein ihre Herzbeschwerden verbesserten sich kaum. Wir besprachen ihre Meditationspraxis, weil sie sich angewöhnt hatte, nunmehr täglich zu meditieren, und ich schlug ihr vor, ihr Herzchakra als Meditationsobjekt zu nützen.

Nachdem sie gelernt hatte, diesen Bereich wahrzunehmen, und sie ihre Meditationspraxis auf das Herzchakra begann, hatte sie einmal ein ganz besonderes Meditationserlebnis, bei dem sie diesen Bereich ganz intensiv wahrnahm und sich dabei überaus wohl fühlte. Später fiel ihr auf, dass ihre Herzsymptome seitdem nicht mehr aufgetreten waren. Freilich kann man nicht behaupten, dass die Besserung der Herzsymptome lediglich an der Technik und Praxis der Meditation gelegen hat, aber ich vermute, dass die Meditation dazu beigetragen hat.

Diese kurze Darstellung zeigt auch auf, dass wissenschaftliche Studien über Auswirkungen von Psychotherapie in Kombination mit Meditation sinnvoll wären. Der forciertere Einbezug von Meditation in die Kognitive (Verhaltens-) Therapie ist vorstellbar und passt auch in die theoretischen Vorstellungen über die Wirkungsweise der Verhaltenstherapie.

Überall dort, wo bei psychosomatischen Erkrankungen, Entspannungsmethoden sinnvoll zur Unterstützung der Heilung angewandt werden, kann man auch die Anwendung von Meditationstechniken überlegen.

Meditation bei Suchterkrankungen

Abhängigkeits- und Suchterkrankungen unterscheiden sich voneinander durch ihre unterschiedlichen Symptome und Faktoren: die Schwere der Suchterkrankung, die Art und Weise des (Drogen-) Konsums oder das soziale Umfeld des Süchtigen, um nur einige Aspekte herauszugreifen.

Franz-Theo Gottwald und Wolfgang Howald berichten in ihrem Buch »Selbsthilfe durch Meditation. Gesundheit und Persönlichkeitsentfaltung durch Tiefenentspannung« von amerikanischen Untersuchungen, die interessante Ergebnisse erzielt haben: Suchtkranke reduzierten ihren Drogenkonsum durch das Erleben und Praktizieren von Meditation, beispiels-

weise schränkten Marihuanaraucher und Raucher das Rauchen
ein, Alkoholiker tranken weniger.

Meditation kann für den Vorsatz, den Drogenkonsum einzu-
schränken, oder bei Drogenentzug sicherlich hilfreich sein. Meditation, integriert in ein psychotherapeutisches oder medi-
zinisch-psychotherapeutisches Behandlungskonzept, kann zweifellos sinnvoll sein, wenn sie vom Süchtigen angenommen wird.

Meditation als Weg zu inneren Kraftquellen

Bisher haben wir uns mit Meditation im Kontext von Religion,
Esoterik und Psychotherapie befasst. Im Folgenden soll aufge-
zeigt werden, dass Menschen Meditation auch zur Erhaltung
der Gesundheit, zur Steigerung der Leistungsfähigkeit und der
Kreativität sowie zur Kontrolle der Gedanken anwenden können. Die Anwendung von Meditationstechniken setzt also keine religiösen, esoterischen oder therapeutischen Ziele voraus.

Einerseits wird Meditation für diese Zwecke auf traditionelle
Weise im ruhigen Zimmer regelmäßig geübt, andererseits wird
sie direkt in der belastenden oder stressenden Situation, meist
mit offenen Augen »strategisch« praktiziert, um neue Kräfte zu
generieren.

Meditation und die Steigerung der körperlichen
und psychischen Leistungsfähigkeit

In den Berichten von Meditierenden finden sich oft Hinweise
darauf, dass die regelmäßige Meditation dazu geführt hat, dass
sie ihre körperliche oder geistige Leistungsfähigkeit steigern
konnten und/oder jetzt durch Meditation Belastungssituationen
besser bewältigen können.

Wissenschaftliche Untersuchungen zur Meditation, auf die wir im
Kapitel »Die wissenschaftliche Erforschung der Meditation« noch
gesondert eingehen werden, haben Hinweise auf die Steigerung
von Intelligenz, Wahrnehmung, Schulleistungen und einer Steigerung des Kurzzeitgedächtnisses bei Meditierenden erbracht.

Meditation und Sport

Sport hat sich als eine die Gesundheit und Fitness fördernde Tätigkeit erwiesen. Körperliche Aktivität hat positiven Einfluss auf verschiedene Bereiche unseres Organismus, sogar auf unser Immunsystem.

Ebenso hat Sport Einfluss auf psychische Faktoren: Sport kann das Selbstbewusstsein steigern, die Teamfähigkeit fördern und bis zu einem gewissen Grad Angst und Depressionen mindern. Voraussetzung ist ein entsprechendes Training und das Erlernen der sportlichen Aktivitäten unter fachlicher Anleitung und/oder Betreuung.

Bei all den positiven Auswirkungen stellt sich die Frage: Wozu sollten Sportler auch noch meditieren? Im Spitzensport kam es in den letzten 20 Jahren immer mehr zum Einbezug von Sportpsychologen, Mentaltrainern und persönlichen Betreuern. Im Allgemeinen kann man sagen, dass die professionelle Anwendung von Psychologie im Bereich des Sportes zu besseren Leistungen der Sportler geführt hat.

Veröffentlichungen, wie die von John Syer und Christopher Connoly oder die des Sportpsychologen Dr. Richard M. Suinn, der für das olympische Komitee der USA arbeitete, zeigen Bereiche der Sportpsychologie auf, die man als Meditationstechniken bezeichnen könnte.

In Suinns Buch »Übungsbuch für Mentales Training. In sieben Schritten zur sportlichen Höchstleistung« findet sich ein Programm, das über ein Entspannungstraining, Stressmanagement, positives Denken, Selbstregulation, geistiges Üben und Konzentration zur Energiekontrolle führt.

Beim Stressmanagement etwa wird empfohlen, die Aufmerksamkeit wieder nach innen zu lenken, sich auf die Atmung zu konzentrieren und anderes mehr. Zweifellos ist das eine Form von Meditation, die an die sportliche Situation und an den Sportler angepasst ist. Ein Schwerpunkt bei diesem Programm sind auch »Visualisierungen«, Vorstellungen von Trainingsabläufen oder dem zu erwartenden Erfolg.

Visualisierungen sind aus meiner Sicht ein Grenzbereich zwischen Meditation und ursprünglich schamanischen Techniken. Aus einer Visualisierung kann Meditation erwachsen, und während der Meditation kann eine visuelle Wahrnehmung stattfinden. Erfolgsvisualisierung oder zielgerichtete Imagination in der Psychotherapie geht auf den Schamanismus zurück. In diesem Sinne angewendet ist sie auch keine Meditation, wenngleich ein äußerst interessantes Phänomen.

Entspannung, Konzentration und Visualisierung finden wir auch im »Psychotraining für Sportler« von Syer und Connoly. Carrington berichtet über meditierende Basketballer, die angaben, durch Meditation bessere sportlichen Leistungen zu erbringen.

Eine Marathonläuferin, die an einem meiner Meditationseinführungskurse teilnahm und so die Meditation mittels Atmung, Mantra, Yantra und Meditation auf die Chakras lernte, fand Gefallen am Meditieren. Möglicherweise kann sie sich mit Meditation schneller von der körperlichen Anstrengung eines Marathonlaufes erholen.

Ein anderer Sportler, der bei mir Meditieren lernte, übte einen asiatischen Kampfsport aus und schien während der Meditation eine ausgezeichnete Entspannung und eine gesteigerte Wachheit zu erleben.

Ich vermute, dass überall dort im Sport, wo Entspannungsmethoden angewendet werden, auch Meditationstechniken sinnvoll wären, ebenso in den Bereichen, wo gesteigerte Körperwahrnehmung und Konzentration vonnöten sind.

Meditation bei Stress, Schmerz oder vor Operationen

Dass Meditation hervorragend dazu geeignet ist, Stress abzubauen, geht aus vielen wissenschaftlichen Untersuchungen hervor und gilt als unbestritten. Wir haben hier die Möglichkeit, vor einem zu erwartenden stressenden Ereignis, nach einem belastenden Ereignis oder während der Belastung zu meditieren. Stressabbau während der Meditation, zu Hause im ruhigen Zimmer oder gemeinsam in einer Gruppe, kann unter Umständen kurzfristig auch zu unangenehmen Nebenwirkungen führen. Manchmal kommt es dabei zum Vibrieren und Zucken von Muskeln oder Muskelgruppen, oder es wird irgendwo im Körper eine starke Spannung erlebt.

Man kann diese Körperreaktionen als unangenehme Störung der Meditation betrachten und sich nach der Ablenkung wieder auf sein Meditationsobjekt konzentrieren. Eine andere Möglichkeit ist die Konzentration auf diese als Vibrieren oder Zucken erlebten spannungslösenden Prozesse im Sinne einer Achtsamkeitsmeditation.

In beiden Fällen erfährt man, dass diese unangenehmen Nebenwirkungen meist noch während der Meditation oder nach einigen Tagen bei regelmäßiger Meditation vorbeigehen. Ist das nicht der Fall, und fühlt man sich nach der Meditation unwohl, sollte man mit der Meditation ein paar Tage aussetzen und einen Meditationslehrer konsultieren. Bei Verdacht auf eine Krankheit sollte man den Arzt aufsuchen. Ausführlicheres dazu finden Sie im Kapitel über »Erfahrungen während der Meditation«.

Das Erleiden von *Schmerzen* ist ein psychosomatisches Phänomen, das heißt, nicht nur objektiv erhebbare organische Verletzungen tragen zum Schmerzerlebnis bei, sondern auch die psychische Situation des Leidenden.

Meditation bietet hier eine Möglichkeit, die Intensität des Schmerzes zu reduzieren, wie durch wissenschaftliche Untersuchungen bestätigt wurde. Dabei ist es natürlich wichtig, die gelernte Meditationstechnik während der Schmerzen praktizieren zu können.

Meditation *vor Operationen* kann Stress und Angst vor der Operation reduzieren, wie Carrington aus ihren eigenen Erfahrung berichtet.

Meditation und Gesundheitsvorsorge

Da Meditation erwiesenermaßen zu Entspannung, Stressabbau und Wohlbefinden führt, ist sie ein geeignetes Mittel zur Gesundheitsvorsorge.

So fand Orme-Johnson heraus, dass TM und TM-Siddhi-Programm Praktizierende im Vergleich mit nicht TM Praktizierenden etwa 56 Prozent weniger Einweisungen ins Krankenhaus erlebt hatten.

Besonders nach anhaltendem extremen Stress körperlicher oder emotionaler Art wird Meditation als äußerst wohltuend erlebt.

In diesem Zusammenhang ist ein Hinweis von Carrington, der mit meiner Erfahrung übereinstimmt, zu beachten: Wenn Menschen sehr gestresst sind, reicht oft eine einmalige Meditationssitzung im Rahmen von 15 bis 20 Minuten nicht immer aus, um sowohl den Stress abzubauen, als auch in die tieferen Ebenen der Meditation vorzudringen. Carrington empfiehlt in diesem Fall eine weitere Sitzung nach 30 bis 60 Minuten.

In meinen Meditationseinführungskursen werden pro Abend meist drei Meditationen, mit einer Zeitdauer von 15 bis 20 Minuten, durchgeführt, manchmal dauern sie auch länger. In den Meditationspausen erkläre ich die Technik, beantworte Fragen und gebe den TeilnehmerInnen das nötige Feedback.

Mit einer gewissen Regelmäßigkeit kann ich dabei beobachten, wie sich im Laufe eines Abends bei den Meditierenden Gesichtsausdruck, Körperausdruck, Körperhaltung und die körperliche und psychische Befindlichkeit bis hin zu einem Gefühl des »rundum Wohlfühlens« positiv verändert.

In meinen Kursen empfehle ich den TeilnehmerInnen, dass sie alle bis zum nächsten Gruppentermin zu Hause selbständig meditieren sollen. Beim nächsten Termin befrage ich dann alle nach ihren Erlebnissen und Erfahrungen mit der Meditation in der vergangenen Woche. Meistens stellt sich dann heraus, – etwa nach zwei Wochen Meditationspraxis – dass der Zustand des »rundum Wohlfühlens« auch zu Hause beim Meditieren ganz allein erfahrbar wird.

Eine weitere und sehr sinnvolle Praxis ist es, Meditation mit offenen Augen, in belastenden, stressenden Situationen zu praktizieren. Mit einiger Übung gelingt das den meisten meiner KursteilnehmerInnen. Bei geübten Meditierenden geht das soweit, dass ein Außenstehender kaum merkt, dass sie jetzt gerade meditieren, wenn sie etwa irgendwo sitzen oder sich nicht allzuviel bewegen müssen.

Meditation und Kreativität

Einige Meditierende sind der Ansicht, dass durch ihre Meditationspraxis eine Steigerung ihrer Kreativität erfolgt sei. Wie Carrington ausführt, gibt es zwar entsprechende Hinweise, dass

Meditierende letztlich auch kreativer werden, erwiesen ist es aber keineswegs.

Die Kreativitätspsychologie, ein Bereich, zu dem ich einige Arbeiten veröffentlicht habe, unterscheidet zwischen dem »kreativen Denken« und der »kreativen Persönlichkeit«.

Kreatives Denken lässt sich durch entsprechende Techniken, wie etwa das Brainstorming, erzielen. Die kreative Persönlichkeit wird durch eine »offenere Wahrnehmung« und Eigenschaften, wie unkonventioneller, aggressiver, feldunabhängiger, erfolgsmotivierter, Konflikte besser ertragend usw. beschrieben.

Schließlich gibt es den »kreativen Prozess«, der in vier Phasen unterteilt ist: Präparation, Inkubation, Illumination und Verifikation. Die Präparation ist jene Phase, bei der ein Problem wahrgenommen oder an uns herangetragen wird. Zudem beginnen wir mit der Suche nach Informationen, die zu Problemlösungen führen sollen. Diese Phase ist oft durch das Erleben von Spannungen und Stress gekennzeichnet. Während der zweiten Phase, der Inkubation verschwindet diese Spannung, scheinbar unbewusst setzen wir uns mit den Informationen auseinander. Besondere Bedeutung kommt der dritten Phase, der Illumination, zu. Der spontane Moment eines »Aha-Erlebnisses«, ähnlich einer »Erleuchtung«, die zu einer Lösung des Problemes führt. In der letzten Phase wird die gefundene Lösung eingehend auf ihre Umsetzungsmöglichkeit geprüft und bewertet.

Wie Carrington neige ich zu der Ansicht, dass Meditation die Entwicklung zu einer kreativen Persönlichkeit fördern kann. Um kreative Leistungen zu erbringen, ist Meditieren allein aber sicher zu wenig.

Positives Denken, Visualisierung und Meditation

In der populär-psychologischen Literatur und in der Menge der »Ratgeber-Bücher« finden sich immer wieder Hinweise auf die Erfolge bei Aktivitäten und Unternehmungen jeglicher Art, die durch positives Denken bzw. durch Erfolgsvisualisierung erzielt werden konnten. Oft wird so der Eindruck vermittelt, als genüge es, irgendwelche Affirmationen oder Erfolgsvisualisierungen regelmäßig durchzuführen und alles werde möglich, jedes Ziel erreichbar. Dieses magisch anmutende Rezept gelingt aber bei weitem nicht immer!

Aus psychologischer Sicht handelt es sich bei diesen Erfolgen weitgehend um eine »selbsterfüllende Prophezeiung«. Durch das positive Denken oder die Erfolgsvisualisierung wird die Motivation, das Selbstvertrauen und die Erfolgserwartung gesteigert. Trifft das mit weiteren Eigenschaften, wie den entsprechenden Fähigkeiten und Fertigkeiten zusammen, die man braucht, um sein Ziel zu erreichen, steigt damit auch die Erfolgswahrscheinlichkeit.

Gelegentlich wird positives Denken oder Erfolgsvisualiserung auch im Bereich von Krankheiten angewandt. In jedem Fall kann es hier nützlich sein, um das Bewältigen der Krankheit zu fördern.

Carl Simonton und seine Mitarbeiter beschreiben in ihrem Buch »Wieder gesund werden. Eine Anleitung zur Aktivierung der Selbstheilungskräfte für Krebspatienten und ihre Angehörigen« ein gut durchdachtes Programm. Ein Schwerpunkt ist ein Imaginationstraining, in dem der Patient das Schrumpfen seines Tumors und seine Heilung imaginiert. Die Patienten sollen das zwei bis drei mal täglich duchführen. Simonton hat über Erfolge mit dieser Methode berichtet. In meiner eigenen Arbeit mit Krebskranken, die sich teilweise in meinem Buch »Krebs und seelischer Konflikt. Psychosoziale Krebsforschung« nachvollziehen lässt, habe ich auch mit dem so genannten »Simonton-Training« als Therapeut Erfahrungen gesammelt. So konnten wir zeigen, dass eine Gruppe von Brustkrebspatientinnen, die das Simonton-Training praktizierte, bessere psychologische Werte erzielte als eine Vergleichsgruppe.

Wenngleich hier noch viel Forschung nötig ist, kann man heute schon sagen, dass Psychotherapie zur Krankheitsbewältigung bei Krebskranken sehr sinnvoll ist. Damals wurde mir aber auch etwas anderes klar. Viele Menschen können gar nicht positiv denken oder positive Imaginationen herbeiführen. Hier kann Meditation ansetzen: *Wer meditiert, fühlt sich wohl und positiv und kann dadurch leichter positiv denken oder entsprechene Visualisierungen erzielen.*

Achtsamkeitsmeditation zur Kontrolle
von Gedanken und Gefühlen

Achtsamkeitsmeditation (Vipassana), die sich auf die eigenen Gedanken richtet, führt erfahrungsgemäß dazu, dass die Art und Weise des eigenen Denkens im Laufe der Meditationspraxis immer klarer hervortritt: angelernte Denkvorgänge, übernommene Bewertungen, nie in Frage gestellte Tatsachen, automatische (konditionierte) Gedanken - kurz alles, was unser Denken ausmacht.

Wenn man sich dann kritisch mit diesen Gedanken und Denkvorgängen auseinander setzt, hat man die Möglichkeit, negative Eigenschaften und Verhaltensweisen zu ändern und neu gewonnene Einsichten und Erkenntnisse an der Realität zu überprüfen. Das ist ein Weg, der von der Selbstbeobachtung zur Selbsterfahrung und zur Veränderung führt.

Ebenso lässt sich die Achtsamkeitsmeditation zur Beobachtung unserer Gefühle anwenden. Wenn es auch kein Gefühl gibt, das ursprünglich »negativ« ist, so kann es allerdings sein, dass der Ausdruck von Gefühlen sich gegen andere oder sich selbst richtet oder zu chronischen Problemen führt. Das ist vor allem dann der Fall, wenn jemand oft zu impulsiv reagiert, oder wenn jemand chronisch im Ausdruck seiner Gefühle gehemmt ist. Der emotionale Ausdruck wird durch Sozialisationsprozesse erlernt, er kann bewusster gemacht und verändert werden.

Mithilfe der Achtsamkeitsmeditation, die sich auf das Entstehen und den Ausdruck von Gefühlen richtet, können entsprechende konditonierte Reaktionen, die als störend oder irritierend erlebt werden, bewusster gemacht und verändert werden.

Durch die regelmäßige Praxis der Beobachtung unserer Gefühle - vor allem auch außerhalb der eigentlichen Meditationspraxis während des Alltags - werden uns die Abläufe unserer Gefühle immer bewusster, sodass wir sie nach einiger Zeit auch bewusster steuern können. Ein Teilnehmer aus meinen Meditationskursen beschrieb es in diesem Zusammenhang einmal »wie bei einem Zugführer, der lernen muss, die richtige Weiche zu nehmen.«

Es ist ein sehr schwieriger Weg, den man nicht alleine gehen kann. Meistens wird man dazu einen hilfreichen Menschen

brauchen, der die »blinden Flecken« der Selbstbeobachtung
aufdeckt. Hier schließt sich dann die Psychotherapie an die
Selbsterfahrung an.

Erfahrungen während der Meditation

Meditation verändert unser »Alltagsbewusstsein«. Während wir
meditieren, ist die Informationsaufnahme von Außenreizen
weitgehend reduziert. Die Konzentration ist auf das Meditationsobjekt ausgerichtet. Nach einiger Zeit geht die Konzentration in Meditation über und neuartige Wahrnehmungen, die
meist auch das Wohlbefinden des Meditierenden hervorrufen
oder steigern, treten in das Bewusstsein.
Bei manchen Meditierenden treten sie bald und spontan auf,
bei anderen erst nach längerer Meditationspraxis und/oder
durch das Üben spezifischer Meditationstechniken, die diese Erfahrungen herbeiführen sollen.
Im Folgenden möchte ich mich hier auf die häufigsten dieser
Wahrnehmungen beschränken, die auch schon bei »Anfängern«
auftreten können. Wenn Sie einige Zeit meditiert haben und
keine derartigen Erfahrungen gemacht haben, ist das auch ganz
in Ordnung. Es bedeutet keineswegs, dass Sie unfähig sind oder
eine falsche Technik üben.
Mit Ausnahme der Achtsamkeitsmeditation, für die eine so tiefe Meditationserfahrung nicht zielführend wäre, sind diese Erfahrungen durch Meditation auf die Atmung, auf Mantras, Yantras oder Chakras nach einiger Zeit regelmäßiger Meditationspraxis dem Übenden zugänglich.
In der Regel werden nach einigen Wochen der Meditationspraxis (bei manchen Menschen auch schon früher) entsprechende
Erfahrungen zugänglich.

Entspannung und Stressabbau

Oftmals wird von Schülern, aber auch in der Literatur, berichtet, dass während der Meditation Spannungszustände im Körper

wahrgenommen werden. Gelegentlich tritt ein »spontanes Muskelvibrieren« oder ein massives, beunruhigendes und von anderen leicht wahrnehmbares Zittern von einzelnen Körperbereichen oder Muskeln auf.

Der Meditierende, der dieses Phänomen nicht kennt, erschrickt meist und beendet seine Meditationsübung, weil er befürchtet, die Kontrolle über seinen Körper zu verlieren. Das ist allerdings nicht nötig. Es handelt sich nämlich um eine Nebenwirkung des Entspannungsprozesses.

Erfahrenen Meditationslehrern und manchen Meditierenden sind diese Phänomene wohl vertraut. Auch aus der Praxis von Entspannungsmethoden, wie dem Autogenen Training oder der Atemzentrierten Verhaltenstherapie (die ich gemeinsam mit Frau Dr. Lucia Pohler-Wagner entwickelt habe) und anderen mehr, sind diese Prozesse als Entspannungsreaktion bekannt.

Im Autogenen Training nennt man das »autogene Entladung«. Carrington bezeichnet diese Prozesse als »Spannungsabbau«; im Rahmen der TM wird es »Normalisieren« genannt und aus Sicht der Körpertherapeuten löst sich der »Muskelpanzer«.

Diese Spannungslösung von besonders stark verspannten Körperbereichen tritt zwar meistens in den ersten zehn Minunten der Meditation auf, gelegentlich aber auch erst später. Bei den Meditierenden, die ich kennen gelernt habe, und bei denen diese Entspannungsnebenwirkung auftrat, war es meistens ein vorübergehendes und kein regelmäßig auftretendes Phänomen. Bei vielen Meditierenden tritt diese Nebenwirkung nur ganz schwach oder gar nicht auf.

Spürt man also während der Meditation, dass sich Muskeln spontan entspannen oder zu vibrieren oder zu zittern beginnen, sollte man diesen spontan ablaufenden Prozess nach Möglichkeit zulassen und im Sinne einer Achtsamkeitsmeditation beobachten. In der Regel dauert es nicht allzu lange, bis das Zittern oder Vibrieren wieder aufhört.

Ist die Angst oder das Unbehagen zu groß, und möchte man das Abklingen nicht abwarten, hört man besser mit der Übung auf. Am folgenden Tag sollte es besser gehen. Ist das nicht der Fall, sollte man einen (mit Meditation erfahrenen) Arzt, Psychotherapeuten oder Meditationslehrer diesbezüglich aufsuchen.

Es gibt Hinweise aus den Körpertherapien, der Atemzentrierten Verhaltenstherapie sowie der Meditationspraxis und aus der Praxis von Entspannungsmethoden, dass diese massiv erlebten Entstressungsprozesse, die manchmal auf einige besondere Körperbereiche beschränkt sind, gelegentlich in einem lebensgeschichtlichen Zusammenhang mit dem Meditierenden stehen.

Theoretisch wird die Verbindung etwa so gesehen, dass Verletzungen oder Traumatisierungen physischer oder psychischer Art zu massiven Körper(ver)spannungen geführt haben, die letztlich nicht voll bewusst geworden sind und im Rahmen eines tiefgreifenden Entspannungsprozesses wieder voll in das Bewusstsein eintreten.

Das Erkennen eines Zusammenhanges mit derartigen Entspannungsprozessen und eigenen Erlebnissen ist für den Meditierenden oft überraschend.

Eine weiterer Grund für das Auftreten dieser Zuckungen kann die Aktivierung durch Prana sein. Im Tantra und Yoga kennt man Energiebahnen innerhalb des Körpers, die Prana (»feinstoffliche Energie«) durch den Körper leiten. Dem entspricht das System der Akupunktur mit seinen energieleitenden Meridianen. Durch Yoga oder Meditation werden diese Energiebahnen gereinigt bzw. aktiviert.

Aus der Erfahrung des Swami Shivananda kann das auch zu Körperzuckungen führen, die aber bald wieder vergehen. Die Meditationsübungen sollten dadurch nicht unterbrochen werden.

Die Entspannung, wie sie üblicherweise eintritt, ist durch verschiedene Veränderungen im Körper erlebbar:

- Das Gefühl von *Schwere* entsteht, wenn sich die Muskulatur entspannt.
- Das Gefühl von *Wärme* entsteht, wenn sich die Blutgefäße erweitern.
- Das Gefühl des *Kribbelns* kann auftreten, wenn die Durchblutung stärker wird.

Manche Menschen erleben statt Schwere und Wärme auch *Leichtigkeit* und *Kälte*. Es kann auch der Eindruck entstehen, dass sich die *Körperform* verändert, der Kopf oder die Hände länger werden oder dergleichen mehr.

Oftmals kommt es auch zu einer *Veränderung der Zeitwahrnehmung:* Dabei kann eine lange Meditationszeit als kurzer Augenblick, oder aber auch eine kurze Meditationsübung als subjektiv lange Meditation erlebt werden.

Außergewöhnliche Lichtphänomene

Häufig erleben Meditierende während der Meditation unterschiedliche Lichteindrücke. Dabei sind diese Erfahrungen keineswegs auf die Techniken, die solche Phänomene hervorrufen sollen, wie etwa die Konzentration auf das Ajna Chakra (das »dritte Auge«) beschränkt. Sie können bei allen Meditationsmethoden spontan auftreten.

Die Lichtphänomene können als Farberlebnisse erfahren werden: weißes Licht, goldfarbenes Licht, mondfarbenes Licht, blaues, rotes, grünes, violettes Licht etc. Oftmals werden auch geometrische Formen aus weißem oder silbernem Licht wahrgenommen. Besonders bedeutsam sind jene Lichtphänomene, die von einer »gewissen Qualität« begleitet oder deren Ausdruck sind.

Aus eigener Erfahrung, aus dem Feedback in meinen Meditationskursen und auch aus der Meditationsliteratur geht hervor, dass es sich bei der erlebten Qualität um Trost, Seligkeit, Frieden, Harmonie, Geborgenheit etc. handeln kann.

In meinen Meditationskursen empfehle ich den TeilnehmerInnen spontan auftretende Lichterscheinungen, wenn sie sich »gut anfühlen«, gleich als Meditationsobjekt zu nützen.

Zum anderen gibt es besondere Techniken, die zu diesen Erfahrungen führen sollen. Eine, die Sie selber versuchen können, findet sich im Übungsprogramm. Im Allgemeinen wird das Auftreten von »beglückenden Lichtphänomen« sowohl von den Gurus und Lehren als auch von den Meditierenden selbst als positiv bewertet.

Das Hören »mystischer Töne«

Während der Meditation kommt es oft zu außergewöhnlichen Gehörwahrnehmungen. Sie treten während der Meditation

spontan auf, entsprechen meistens hochfrequenten Tönen und
können in einem oder in beiden Ohren gehört werden.
Wie die Lichterfahrungen sind sie häufig von einer »selig ma-
chenden Qualität« begleitet oder repräsentieren diese. In den
Lehren des Yoga und Tantra wird ihnen eine große Bedeutung
zugesprochen. Die Erfahrung dieser Töne, so lesen wir etwa bei
Swami Vishnudevananda, zeigt an, dass die Energiebahnen (Nadis) für die »feinstoffliche Energie« (Prana) durchlässiger bzw.
besser gereinigt worden sind.
Man darf diese Töne nicht mit dem Tinnitus, einer in seiner Ent-
stehung noch nicht ganz geklärten Erkrankung verwechseln, bei
der der Patient durch das permanente Hören von Tönen, die auch
seinen Schlaf stören, in einen massiven Leidenszustand gerät.
Bei TeilnehmerInnen an meinen Meditationskursen tritt das
Hören dieser Töne gelegentlich spontan auf und wird in der
Folge gleich als Meditationsobjekt benutzt.
Auch zur Erfahrung der mystischen Töne gibt es spezifische
Meditationstechniken; eine davon finden Sie im Übungspro-
gramm wieder.

Außergewöhnliche Energiewahrnehmungen

Wenngleich körperliche Energiephänomene, wie das »Fließen
der Energie« durch die Enegiebahnen (Nadis) oder das Sammeln von Energie (Prana) in Energiezentren (Chakras), wissenschaftlich nicht geklärt und zu wenig erforscht sind, sind sie jedoch dem Erleben zugänglich.
Ich erinnere mich noch gut daran, wie in einem meiner Kurse
eine Meditierende plötzlich berichtete, dass sich ihre Wirbelsäule ganz heiß angefühlt habe und Energie die Wirbelsäule
hinaufgeflossen sei. Solche Erfahrungen sind mir und anderen
Meditierenden keineswegs fremd.
Durch Meditation werden asiatische Energiekonzepte wie Chi
und Prana zu einer Erfahrungsrealität, ebenso wenn man die
dazugehörigen »Energiezentren«, die Chakras, als Meditationsobjekte nützt.
Wenn der Meditierende solche Erfahrungen aber bisher noch
nicht erlebt hat, kann es ihn sogar derart verunsichern, dass er

vielleicht an seinem Verstand zu zweifeln beginnt. Hört man als Laie in diesem Bereich von solchen Erlebnissen, denkt man wahrscheinlich an eine ernsthafte psychische Erkrankung.

Energiewahrnehmungen können in der Meditation spontan auftreten oder durch spezifische Meditationstechniken hervorgerufen werden.

Emotionen

Meistens führt Meditation zu angenehmen Gefühlen, wie Geborgenheit, einem Zustrom von Kraft und Energie und mehr oder weniger zu einem »rundum Wohlfühlen«.

Dieser Zuwachs an Kraft, Selbstvertrauen, Frieden, Wohlfühlen etc. hält meist auch noch einige Zeit nach der Meditation an, so dass man mit mehr Energie und Selbstvertrauen in die Alltagsrealität zurückkehrt.

Gedanken

Die Häufigkeit von Gedanken nimmt durch die Konzentration auf ein Meditationsobjekt deutlich ab. Oftmals entsteht der Eindruck, »gar nichts« zu denken.

Nach der Meditation ist in der Regel auch der Geist frischer und leistungsfähiger.

Gelegentlich treten Gedanken auf, die zur Lösung eines Problems beitragen, mit dem man gerade beschäftigt ist.

Das Auftreten von vergangenen Ereignissen

Bei einigen Meditierenden kommt es während der Meditation spontan zum Wiedererinnern oder Wiedererleben von biographischen Ereignissen. Dabei handelt es sich nicht selten um Erlebnisse, die mit starken Gefühlen verbunden sind: Erinnerungen an verstorbene Eltern oder Freunde, an eigene traumatische Erlebnisse oder an Menschen, von denen man geliebt wurde.

Wenngleich mir diesbezüglich keine ausreichenden wissenschaftlichen Daten zur Verfügung stehen, neige ich zu der Ansicht, dass diese Erscheinungen vorwiegend bei Menschen auftreten, die gleichzeitig in psychotherapeutischer Behandlung
sind. In diesem Fall setzt sich die Therapie gewissermaßen in
der Meditation fort.
Freilich sind das nicht alle Erfahrungen, zu denen Meditation
führen kann. Vom Austritt aus dem eigenen Körper, von Astral-
reisen, Fernwahrnehmungen, Kontakt mit Lichtwesen und an-
derem mehr wird gelegentlich berichtet.

Samahdi, Satori, Erleuchtung, transzendentales Bewusstsein, kosmisches Bewusstsein

Die höchsten Erfahrungen in der Meditation werden je nach
Meditationsschule unterschiedlich bezeichnet. In der Regel erfolgen sie erst nach jahrelanger Meditationspraxis. Oftmals wird
von denen, die sie erfahren haben, berichtet, man könne diese
Erfahrung nicht in Worte kleiden. Von *Buddha* wird erzählt, er
habe über die *Erleuchtung* gesagt, sie sei das Ende allen Leidens.
Samahdi (bezeichnet einen Bewusstseinszustand, der über Wachen, Träumen und Tiefschlaf hinausgeht), so *Yogananda,* der
den Kriyayoga lehrte, wird in unterschiedliche Erfahrungen unterteilt. Im *Savikalpa-Samahdi* verschmilzt das Bewusstsein des
Meditierenden mit dem kosmischen Geist. Seine Lebenskraft
wird vom Körper zurückgezogen. Er scheint »tot« zu sein, dass
heißt starr und leblos. Dabei ist sich der Yogi über die aufgeho-
benen Lebenstätigkeit seines Körpers vollkommen bewusst. Savi-
kalpa bedeutet »Unterschied« oder »Ungleichheit«. Der Gottsu-
cher fühlt bei dieser Stufe des Samahdi noch eine geringe Trennung von Gott.
Eine höhere Form ist der *Nirvikalpa-Samahdi.* In diesem Zustand
ist der Körper des Yogi im Normalzustand, ja selbst bei intensiver weltlicher Tätigkeit mit Gott verbunden, ohne dass der Körper dabei erstarrt. In diesem Zustand ist der Meditierende voll
im Geist aufgegangen, es gibt keine Trennung mehr.
Hariharananda, der einem Samahdi Yoganandas beiwohnte, beschreibt in seinem Buch »Kriya Yoga«, dass von Yoganandas

Körper göttliches Licht ausging und kein Puls und kein Herzschlag mehr zu fühlen war.

Nach *Enomiya-Lassalle (*katholischer Priester und Zen-Meister) ist *Satori* ein Erlebnis vollkommener Einheit, in der es kein Ich-Bewusstsein mehr gibt. Jede Furcht, jeder Zweifel sind verschwunden; an ihre Stelle tritt das Gefühl vollkommener Sicherheit.

Die wiederholte Satori-Erfahrung wirkt sich auch auf die ethische Umwandlung des Menschen aus. Der Mensch wird umgewandelt, ohne dass er im Einzelnen danach strebt. Fehler verschwinden nach und nach und Tugenden wachsen.

Kommt die *Erleuchtung* hinzu, wird die Entwicklung beschleunigt, bis der Mensch eins mit dem Kosmos oder der Natur ist und in voller Harmonie mit dieser denkt, plant und handelt. Er lebt dann zwar weiterhin in der Welt der Gegensätze, an die er sich anpasst und bleibt wie jeder andere dem von außen kommendem Leid ausgesetzt. Geistig aber ist er bereits frei und erlöst; er befindet sich im Zustand des Nirvana. Für das vollkommene Nirvana ist freilich noch das Erlöschen des Körpers notwendig.

Im Rahmen der Transzendentalen Meditation nach *Maharishi* werden ähnliche Phänomene beschrieben.

Das *transzendentale Bewusstsein,* das durch die Meditation entsteht, ist durch ruhevolle Wachheit bzw. reines Bewusstsein gekennzeichnet. Reines Bewusstsein bedeutet, dass das Bewusstsein nichts anderes zum Inhalt hat als sich selbst.

Bei Meditierenden, die diesen Zustand erreichen, lassen sich Atemstillstandsperioden beobachten, elektroencephalographisch lässt sich eine hohe Kohärenz zwischen den Gehirnhälften sowie eine gesteigerte Durchblutung feststellen.

Das *kosmische Bewusstsein* entwickelt sich nach der oftmaligen Erfahrung des reinen Bewusstseins und dem wachsenden Vertrauen in diesen Zustand.

Dieser Zustand kann dann allmählich dauerhaft werden; reines Bewusstsein tritt dann gemeinsam mit Wachen, Schlafen und Träumen auf. Die Qualität der ruhevollen Wachheit, innerer Freiheit, das Verankertsein im Selbst sind auch im Alltag immer mehr vorherrschend. Infolgedessen handeln die Meditierenden aus dem kosmischen Bewusstsein heraus spontan richtig. Sie erleben, dass ihr Verhalten spontan zu sinnvollen Ergebnissen führt. Sie haben das Gefühl, im Einklang mit der Natur zu handeln und dabei lebensfördernd zu wirken.

Spirituelle Krisen

Spirituelle Krisen scheinen gelegentlich im Zusammenhang mit Meditation aufzutreten. Unter spirituellen Krisen sind umwerfende, ängstigende oder überwältigende Erfahrungen in nichtalltäglichen Bewusstseinszuständen zu verstehen, die zu physischen oder psychischen Beschwerden führen können und die im Extremfall zu psychoseähnlichen Zuständen und zum Verlust der Selbstkontrolle führen können.

Wie Stanislaf und Christiana Grof in ihrem Buch »Spirituelle Krisen. Chancen der Selbstfindung« ausführen, scheint eine der wichtigsten Auslöser eine eingehende Beschäftigung mit verschiedenen Formen der Meditation und anderer spiritueller Praktiken zu sein. Dazu zählen sie auch Zen, Vipassana-Meditation, Kundalini-Yoga, christliches Gebet und klösterliche Kontemplation.

Zudem weisen sie darauf hin, dass manche der so auftretenden extremem psychischen Ausnahmezustände, insbesondere bei Realitätsverlust, häufig mit Psychosen verwechselt werden und dass eine entsprechende psychiatrische Behandlung mit Psychopharmaka hier die falsche Therapieform ist.

In den USA, wo derartige spirituelle Krisen anscheinend häufiger auftreten oder zumindest häufiger berichtet werden, hat man ein eigenes Spirituell Emergency Netzwerk eingerichtet, in dem auch psychotherapeutische Hilfe angeboten wird.

Bernhard Grom (Religionspsychologe) berichtet zum Beispiel, dass 1980 monatlich fünf bis sieben Westdeutsche in eine psychiatrische Klinik gebracht werden mussten, weil sie im zentralen Ashram der Bhagwan-Rajneesh-Bewegung in Poona psychisch zusammengebrochen waren.

In der Regel ist Meditation, wenn sie bei einem entsprechend fähigen Lehrer erlernt wird, man sich an seine Anweisungen hält und sich nicht zu viel zumutet oder mit unbekannten oder schwierigen Meditationsmethoden aus irgendwelchen Büchern herumexperimentiert, keineswegs gesundheitsgefährdend.

Bringt man sich aber selbst in eine extreme Stresssituation, indem man zum Beispiel zu lange fastet, nicht schläft oder unter Drogeneinfluss meditiert, dann kann unter Umständen, auch bei sonstiger Gesundheit, eine derartige Krise entstehen.

In diesem Zusammenhang muss vor Experimenten mit »geheimen Meditationsmethoden« von zweifelhaften Gurus oder komplexen schwierigen Meditationsmethoden ohne Anleitung durch einen Lehrer gewarnt werden.

Bei Anzeichen von Realitätsverlust oder Verlust der Selbstkontrolle ist es sicher einmal nötig, seine Übungen zu unterbrechen, mit einem erfahrenen Meditationslehrer zu sprechen oder einen Psychotherapeuten zu konsultieren, der Erfahrung mit Meditation hat oder selber meditiert.

Sollte man dazu nicht mehr in der Lage sein und im Extremfall in eine psychiatrische Anstalt zwangseingewiesen werden, sollte man versuchen, die behandelnden Ärzte über die entsprechenden Übungen zu informieren und Unterstützung von Freunden, Angehörigen und anderen Meditierenden zu bekommen. Wahrscheinlich wird der stationäre Aufenthalt dann nicht zu lange andauern.

Anschließend muss man ernsthaft versuchen sich darüber klar zu werden, wie es zu diesem Unfall kam und was in Zukunft geändert werden muss.

Auch dafür ist ein Psychotherapeut mit Meditationserfahrung oder ein erfahrener Meditierender als Partner sicherlich sinnvoll.

Meditationsmethoden

Folgen wir den allgemeinen Anweisungen des Weges zur Meditation, dann bedarf es, um in die Meditation einzutreten, der vollen Konzentration auf ein Objekt.

Nach einiger Zeit der ausschließlichen Konzentration folgt darauf, eher spontan, der Eintritt in einen veränderten Bewusstseinszustand, den der Meditation.

Alle Meditationstmethoden der so genannten »konzentrativen Meditation« bieten verschiedene vorbereitende Übungen, um die Konzentration zu fördern. Dazu gehören in erster Linie eine geeignete Körperhaltung sowie mögliche zusätzliche Anweisungen bezüglich Meditationszeit, Meditationsdauer, vorbereitende Übungen, ethische Vorschriften und Ernährungsregeln.

Meditation auf Naturobjekte

Die Meditation auf Naturobjekte steht möglicherweise am Anfang der Geschichte der Meditation. Die Konzentration auf das Geräusch des fallenden Regens, das Summen des Windes, den Blick auf das endlose Meer, den Himmel und die Wolken, in die Flammen des Feuers, auf die endlose Weite der Wüste, auf Mond oder Sterne, auf erhaben wirkende große Berge oder von den Bergen herab auf ein wunderschönes Landschaftspanorama hinab in das Wasser des Sees oder Flusses. All dies ermöglicht die Konzentration auf Naturobjekte, die dann und wann in einen Meditationszustand übergeht.

In meinen Kursen weise ich immer darauf hin, dass die Natur Meditationsobjekte anbietet, und wenn es regnet, dann nützen wir den »Sound des Regens«, um durch volle Konzentration auf ihn in die Meditation einzutreten.

Meditation auf die Atmung

Nun sind aber diese durch die Natur bereitgestellten Meditationsobjekte nicht immer vorhanden, wir können sie nicht jederzeit nützen. Vermutlich begannen also einige Menschen, verlässlichere, jederzeit zugängliche Meditationsobjekte zu suchen. Eines dieser Objekte war mit Sicherheit der eigene Atem. Konzentration auf die eigene Atmung auf das Einatmen und das Ausatmen, und auf die Pause dazwischen, ist die Basis des Pranayama (Beherrschung des Prana), einer Reihe von Übungen des Hatha-Yoga und zur Meditation mittels Bobachtung oder Lenkung des Prana.

Was das Prana für die Yogis ist, ist das Chi für die Chinesen. Man versteht darunter eine Art von Lebens- oder Vitalkraft, die wir mit der Atmung und der Nahrung aufnehmen und die das ganze Universum durchströmen soll.

Vorstellbar ist, dass die Konzentration und die Beobachtung dieser »feinstofflichen Energie« schließlich zu den indischen und chinesischen Energiesystemen führte, die wir heute als Meridiansystem mit den vielen Akupunkturpunkten oder als das System der pranaleitenden Nadis und den Chakren aus dem Yoga kennen.

Eine praktische Übung zur Meditation mithilfe der Atmung finden Sie im Kapitel »Ein einfaches Übungsprogramm«.

Meditation mittels Ajapajapa

Ajapajapa kommt aus dem Yogasystem und bedeutet soviel, wie den unhörbaren Ton zu belauschen, der entsteht, wenn wir der Bewegung unseres Atems lauschen. Einige Yogis sind der Ansicht, dass er wie *SO-HAM* oder *HAM-SO* klingt. Beide werden als Mantras zur Meditation verwendet, und möglicherweise wurden weitere Mantras auf ähnliche Art und Weise entdeckt.

Meditation mit Mantras

Bei der Meditation mittels Mantras wird das Mantra leise gesprochen oder gedacht und immer wieder wiederholt oder das Ein- und Ausatmen mit einem Mantra gekoppelt. In der Regel gibt es dazu auch noch Anleitungen zur Meditationshaltung, der Meditationsdauer, was man tun soll, wenn die Konzentration abschweift, und wie oft man meditieren soll.

Mantra ist ein Begriff aus dem Sanskrit und hat mehrere Bedeutungen: Einerseits bedeutet er »Stütze«, andererseits aber auch »Wort der Kraft oder Macht«, mit dem außergewöhnliche Leistungen erzielt werden können.

Im Hinduismus werden Verehrungen oder Anrufungen von Göttern oder göttlichen Kräften ebenfalls als Mantras bezeichnet. Jeder Gottheit ist ein Mantra zugeordnet. Auch den Chakren werden besondere Mantras zugeordnet, und das Mantra OM wird als Ausdruck des Absoluten betrachtet. Mantras können aus einer oder mehreren Silben bestehen.

Sehr bekannt ist etwa das tibetische *OM MANI PADME HUM*
(»Das Juwel ist in der Lotusblüte«), dem der deutschstämmige
Lama Anagarika Govinda ein eigenes Buch gewidmet hat:
»Grundlagen der tibetischen Mystik. Nach den esoterischen
Lehren des Großen Mantras *OM MANI PADME HUM*«.

Ein anderes sehr bekanntes Mantra ist das indische *OM NAMA
SHIVAYA* (»Ich verneige mich vor Shiva«), oder das *HARI
KRISHNA HARE RAMA RAMA RAMA HARI HARI* zu Ehren
Krischnas.

Häufig sind auch zweisilbige Mantras, die sich dann gut mit
dem Ein- und Ausatmen koppeln lassen:
HARI-OM, OM-SHI-VA, HAM–SA, HAM-SO, SO-HAM,
RAM-AH, DRING–SAW usw. Einen Einblick gibt das Buch von
Swami Vishnudevanda »Meditation und Mantras«.

Manche Gurus geben ihren Schülern ein besonderes Mantra als
Meditationsobjekt, das dann auch geheim gehalten werden
muss, weil es sonst seine »Kraft« verliert. Dem liegt die Vor-
stellung zu Grunde, dass die Meditation mittels des Mantras
eine Kraft freisetzt, die den Meditierenden auf seinem Weg zur
Erleuchtung maßgeblich unterstützt. Zudem bekommt nicht jeder das gleiche Mantra. Je nach Persönlichkeit und Eigenschaften des Schülers sucht der Meister eine besonderes Mantra für
ihn aus.

Mantrameditation kann mit einiger Übung später auch mit offenen Augen praktiziert werden, auch außerhalb regulärer Me-
ditationsitzungen, während man berufliche oder andere Tätig-
keiten verrichtet.

Eine praktische Übung zur Mantrameditation finden Sie im Kapitel »Ein einfaches Übungsprogramm«.

Transzendentale Meditation

Bei der von *Maharishi Mahesh Yogi* verbreiteten Methode handelt
es sich um eine Mantra-Meditation. Man kann sie in wenigen
Stunden erlernen und sollte sie zweimal täglich 15 bis 20 Minuten üben.

Der Ausdruck transzendental bedeutet »über die Gedanken hinaus gehen«. Wie Bloomfield, Cain, Jaffe und Rubotton erläu-

tern, behauptet Maharishi, dass die TM einen Zugang zu einem unbegrenzten Reservoir »schöpferischer Intelligenz« biete. Dringe man zu dieser Quelle vor, so sei es möglich, das eigene menschliche Potential zu erkennen. Die Meditation führt in die Transzendenz.

Die Einführungskurse dauern in meiner Meditationspraxis ein paar Stunden an vier aufeinander folgenden Tagen. Zwei Einführungsstunden, in denen die Technik und die möglichen Erfolge beschrieben werden, sind gratis. Möchte man dann weitermachen, so wird man von einem Instruktor interviewt und bezahlt eine Gebühr, mit der die persönliche Instruktion, vier vorgeschriebene Folgesitzungen, regelmäßige Überprüfungen und wöchentliche Zusammenkünfte, an denen man teilnehmen kann, beglichen wird.

Dann folgt die Verabredung zu einer persönlichen Instruktion. Man wird gebeten, ein paar Blumen, ein weißes Taschentuch und etwas Obst mitzunehmen. Im Rahmen einer Zeremonie, die in Sanskrit abgehalten wird, wird dem Kanditaten von einem Instruktor ein persönliches Mantra gegeben, das geheim zu halten ist.

Es folgt die erste Meditation mit dem Lehrer. Am folgenden Tag wird die Meditation zweimal geübt. Danach besteht die Möglichkeit, am nächsten Abend wieder zur ersten von den drei Gruppensitzungen zu kommen, in denen Erfahrungen diskutiert und der Prozess noch einmal genau erklärt wird. Danach werden die Schüler aufgefordert, Termine für ein persönliches »Checking« (Überprüfen der Technik) zu machen (so oft man will). Empfohlen wird ein wöchentlicher Check im ersten Monat, danach einmal im Monat

Wie man sich dabei subjektiv fühlt und was man dabei so alles denkt und mit der TM erlebt, hat John White in seinem Buch »Alles über TM« berichtet. Die Erforschung der Auswirkungen der TM hat Maharishi Mahesh Yogi herausgegeben. Die TM ist die am häufigsten untersuchte Meditationsmethode. Gegenwärtig soll es bereits mehr als 500 wissenschaftliche Untersuchungen geben. Die positiven Auswirkungen der Methode sind unbestritten. Wichtige Arbeiten wurden von Orme-Johnson und Farrow 1977 herausgegeben. Näheres dazu unter dem Kapitel »Die wissenschaftliche Erforschung der Meditation«.

Relaxation Response nach Benson

Diese Technik entwickelte der Kardiologe Herbert Benson, der zuvor an bahnbrechenden Untersuchungen zur TM mitgearbeitet hatte. Er wollte überprüfen, ob die Entspannunsreaktion, die bei der TM auftritt, auch mit anderen Methoden herbeizuführen sei. Nachdem seine Untersuchungen ein positives Resultat ergeben hatten, entwickelte er seine eigene Methode.

Nach einer vorbereiteten Muskelentspannung setzt man sich gerade hin, schließt die Augen und konzentriert sich auf die Atmung. Beim Ausatmen denkt man dann immer das Wort »one« (englisch für eins) oder irgendein anderes. Diese Methode erbrachte vergleichbare Resultaten wie die TM in bezug auf Entspannungseffekte.

Klinisch standardisierte Meditation

Patricia Carrington entwickelte die Klinisch standardisierte Meditation durch ihre Auseinandersetzung mit klassicher Mantrameditation und TM. Die Tatsache, dass die TM-Schüler einen vedischen Ritus zu absolvieren hatten, und dass die in dieser Zeremonie gegebenen Mantras geheim bleiben mussten, machte die TM aus ihrer Sicht für die Meditationsforschung, und damit auch für die klinische Anwendung, wenig geeignet. Carrington verzichtete daher auf geheime Mantras und die vedische Zeremonie. Die Meditationsschüler sollten sich ihr Mantra aus einer Liste auswählen. Beispiele dafür sind: Ah-nam, Shi-rim und Ra-mah. Die Dauer der Meditationsübungen werden den Bedürfnissen der Schüler angepasst. Sie untersuchte ihre Meditationsmethode und fand eine mit der TM vergleichbare Wirkung bezüglich der Angstreduktion.

Das Herzensgebet

Das Herzensgebet entstammt der christlichen Tradition. Nach Claudio Naranjo und Robert Ornstein war es die Grundübung der früheren Kirchenväter und wurde später von den hesychaistischen Mönchen des Berges Athos geübt. Benson erwähnt es in seiner Studie zur Mantrameditation und deutet es als christliche Mantrameditation.

In »Der Weg eines Pilgers« von Jürgen Dünnebier ist die Suche eines Pilgers nach Gebetserfahrung im Sinne des *Heiligen Paulus* »betet ohne Unterlass« beschrieben, der nach langer Wanderung von einem erfahrenen Mönch in das Herzensgebet oder *Jesusgebet,* wie es auch heißt, eingeführt wird. Dabei soll man an einem ruhigen Platz mit der Übung des Gebetes beginnen. Das Beten wird mit den Lippen, im Geist und im Herzen praktiziert. Das Kernstück der Übung ist die Bitte an Jesus um Erbarmen. In Katharina Betas Buch wird ausführlicher auf das Herzensgebet eingegangen.

Es zeigt sich, dass eine spezifische Körperhaltung eingenommen werden soll, wobei das Kinn an die Brust gedrückt wird. Das Bewusstsein wird vom Kopf in das Herz hinuntergezogen und dort fixiert. Der Blick wird auf das Herz gerichtet, der Atem kontrolliert bzw. angehalten und mit leiser Stimme wird gesprochen: »Herr Jesus Christus, Sohn Gottes erbarme dich meiner«. Später wird dieser Satz eventuell noch mit einer bestimmten Atemtechnik gekoppelt, das Gebet nur noch gedacht. Das Herzensgebet kann nach einiger Übung – wie auch Mantra-Meditationen – auch bei der Verrichtung von Alltagsaktivitäten gebetet werden.

Zum Erlernen des Herzensgebetes bedarf es eines erfahrenen Mönches oder Lehrers.

Meditation auf Chakren

In den Lehren des Yoga und des Tantra gibt es neben unserem grobstofflichen Körper auch noch einen subtilen oder feinstofflichen Körper mit sieben Energiezentren und drei Hauptnadis, durch die Prana («feinstoffliche Energie«) fließen kann. Diese sieben Chakras oder Energiezentren dienen den Yogis als Meditationsobjekte.

Zur Meditation wird die Konzentration auf eines dieser sieben Chakras gelenkt. Die meisten Lehrer empfehlen dabei das Herz-Chakra, das Dritte Auge oder das Kronen-Chakra.

Die Zentren haben folgende Namen:

- Sahasrara oder Kronenzentrum
- Ajna Chakra oder Drittes Auge
- Vishuddha oder Atemzentrum
- Anahata oder Herzzentrum
- Manipura oder Solarplexuszentrum
- Svadhishthana oder Sexualzentrum
- Muladhara oder Wurzelzentrum

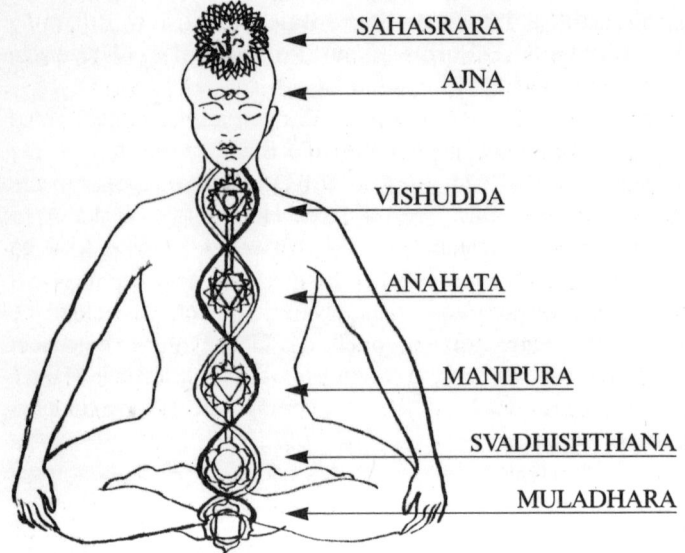

Die wichtigsten Nadis, die die Zentren verbinden sind: Ida (in der Zeichnung schwarz), Pingala (in der Zeichnung weiß) und Sushuma in der Mitte der Wirbelsäule.

Den einzelnen Chakren werden auch unterschiedliche Mantras und Yantras zugeordnet. Das hat den Vorteil, dass man letztlich mehrere Möglichkeiten hat, ein Chakra zu »aktivieren« bzw. zu meditieren.

Am bekanntesten ist wahrscheinlich das Ajna-Chakra, das bei uns unter dem Namen des »Dritten Auges« bekannt ist.

In verschiedenen Meditationsschulen wird auf die Chakren meditiert. So im Kundaliniyoga, im Tantra, bei taoistischer Meditation und im Kriya Yoga. In diesen Schulen wird auch die Erweckung der Kundalini angestrebt, die dann durch Sushuma Nadi vom untersten in das oberste Chakra aufsteigend zu mystischen Erlebnissen und zur Erleuchtung führen soll, wie es von Yogis öfter beschrieben wird.

Meditation auf die Chakren kann man schwer aus einem Buch lernen. Traditionellerweise braucht man dazu einen Guru, Taomeister oder Lama. Man kann die Meditation auf diese Bereiche mittlerweile auch bei westlichen Meditationslehrern erlernen.

In meinen Meditationskursen lernen die Meditierenden alle Chakren wahrzunehmen und dann zur Meditation zu nutzen. Interessant ist die Beobachtung, dass anfangs bei unterschiedlichen Personen verschiedene Chakras stärker oder schwächer wahrgenommen werden. Im Laufe der Meditationspraxis gleicht sich das dann meist aus.

Über die Bedeutung der Chakren wird schon lange diskutiert. Es scheint so zu sein, dass hier eine Verbindung zu unserem Drüsensystem besteht, wie es etwa in der Theorie des Kriya Yoga und Tantra gelehrt wird.

Vorstellbar ist auch, dass das regelmäßige »Gießen« der »Lotosblüten« einen harmonisierenden Einfluss auf unser Drüsensystem, und damit auch auf die Hormonausschüttung, haben könnte.

Meditation mit Yantras

Nach Madhu Khanna stammt das Wort »Yantra« aus dem Sanskrit und bedeutet soviel, wie »die einem besonderen Element,

Gegenstand oder Begriff innewohnende Energie zu tragen, zu halten oder zu unterstützen«.

Für die zu Meditationszwecken genützten Yantras gilt, dass diese meist eine optische Gestalt - ein abstraktes geometrisches Konstruktionsmuster – darstellen, die einer gewissen Gottheit oder Kraft zugeordnet ist. Sowohl bestimmten Gottheiten als auch den Chakren werden spezifische Yantras zugeordnet.

In der Meditation mithilfe der Yantras gibt es einige Variationen: Man kann sich auf das Yantra konzentrieren, um so in die Meditation einzutreten. Man kann das Yantra innerlich visualisieren, man kann das Yantra mit dem dazugehörigen Mantra koppeln, während man sich darauf konzentriert oder es visualisiert. Im Übungsprogramm finden Sie dazu eine Übung.

Meditation mit Mandalas

Mandalas sind ähnlich den Yantras optische Meditationsobjekte; sie werden vorwiegend im (tibetischen) Buddhismus verwendet. Sie sind eine symbolische Darstellung kosmischer Kräfte in zwei- oder dreidimensionaler Form. Sie dienen als Konzentrationsobjekt oder als Vorlagen für innere Visualisierungen. Zum Beispiel im »Tibetanischen Totenbuch« von Evans-Wentz wird das große Mandala der friedlichen Gottheiten und das große Mandala der wissenshaltenden und zornigen Gottheiten dargestellt. Das Mandala des Lebensrades ist in Bloefelds Buch »Der Weg zur Macht« abgebildet.

Meditation auf innere Töne

Eine Konzentration auf innere Töne, die zu meditativen Versenkungszuständen führt, wird bereits in den Veden beschrieben. Eine der dazu angegebenen Techniken ist, sich auf das Innere der Ohren zu konzentrieren. Eine andere beginnt damit, dass man die Ohren mit den Händen verschließt, den Tönen lauscht und sich auf sie konzentriert, bis der Meditations-Zustand eintritt. Eine andere Technik ist, sich auf den Punkt im Kopf zwischen den beiden Ohren zu konzentrieren.

Wie Yoga und Tantra lehren, hat jedes Chakra seinen eigenen Ton. Die meisten Gurus empfehlen aber zur Konzentration und Meditation das Herz-Chakra oder das Dritte Auge. Konzentration auf immer feinere und höhere Töne soll zu einem veränderten Bewusstsein führen, das eine seligmachende Qualität besitzt. Manche Meditierende vergleichen die Töne mit der seligmachenden Musik, die der Avatar *Krishna* auf seiner Flöte spielt.

Darüber hinaus heißt es, dass diese mystischen Töne gehört werden, wenn das Prana in die Sushuma, die wichtigste pranaleitende Nadi, gelangt.

Eine praktische Übung dazu finden Sie wieder im Kapitel »Ein einfaches Übungsprogramm«.

Meditation auf inneres Licht

Lichterscheinungen während der Meditation werden schon in den Upanischaden erwähnt, wo das innere Licht sogar als identisch mit dem *Atman* (das unsterbliche Selbst des Menschen) angesehen wird. Auch Patanjali erwähnt bereits in seinen Yoga-Aphorismen Meditationstechniken mit dem Fokus auf das innere Licht. Lichterscheinungen können während der Meditation, wenn diese eine bestimmte Tiefe erreicht hat, spontan auftreten; andererseits gibt es spezielle Techniken, die zu Lichterfahrungen führen.

Nach den tantrischen und yogischen Schriften kann in jedem Chakra ein Licht wahrgenommen werden. Im Kriya-Yoga (Yogananda, Hariharanda) werden entsprechende Techniken gelehrt, ebenso im tibetischen Yoga (Milarepa).

Ähnlich wie bei den inneren Tönen wird die Lichterfahrung im Laufe der Meditationspraxis immer mehr vertieft und kann eine »selig machende Qualität« bewirken.

Im Übungsprogramm finden Sie eine entsprechende Meditationsübung.

Der Rosenkranz

Das Rosenkranzgebet besteht aus dem fünfzigfachen Beten des Ave Maria, das durch die »Geheimnisse« ergänzt wird. Bei den

Geheimnissen handelt es sich um wichtige Augenblicke im Leben von Maria und Jesus: die freudenreichen Geheimnisse, die schmerzhaften Geheimnisse, die glorreichen Geheimnisse und die trostreichen Geheimnisse.

Der Rosenkranz kann sowohl alleine als auch in der Gemeinschaft gebetet werden. Klinkhammers Buch »Ein wunderbares Beten« erzählt die Geschichte des Rosenkranzes und ist zudem auch eine Anleitung zum Beten desselben.

Adolf von Essen, auf den der Rosenkranz zurückgeht, sah beim Beten das Leben Jesu »vor seinem inneren Auge«.

Technisch gesehen kann man das Rosenkranzbeten als eine Mantra-Meditation verstehen, die durch visualisierte innere Yantras (die Geheimnisse) ergänzt wird.

Das Gebet des Rosenkranzes kann man in fast allen katholischen Gemeinden erlernen.

Samatha-Meditation

Samatha-Meditation ist die auf *Buddha* zurückgehende Meditation zur Entfaltung der Geistesruhe oder Gelassenheit. Die Absicht dieser Meditation ist, Bewusstseinszustände zu erlangen, in denen Geistesruhe und Stille graduell ansteigen. Insgesamt werden acht Stufen beschrieben. Das Ziel sind veränderte Bewusstseinszustände, letztlich ein Zustand reinen unzerstreuten Bewusstseins, der zugleich ein Zustand eines ungemein tiefen Friedens ist.

Im Wesentlichen ist die Samatha-Meditation eine Meditationsfolge, in der im Laufe der Zeit unterschiedliche Meditationsobjekte verwendet werden.

Amadeo Solé-Leris beschreibt in seinem Buch »Die Meditation, die der Buddha selber lehrte« die Meditationstechnik und die Objekte sehr ausführlich. Nach seiner Ansicht braucht man einen qualifizierten Meister, um mit dieser Meditation erfolgreich zu sein und die volle geistige Gelassenheit zu realisieren.

Als Objekte dienen die zehn Kasinas. Das sind: Erde, Wasser, Feuer, Luft, Blau, Gelb, Rot, Weiß, Licht und begrenzter Raum. Weitere Meditationsobjekte, die an die Kasinas anschließen, sind die zehn Arten des körperlichen Verfalls. Anschließend folgen noch weitere Betrachtungen: der Buddha, der Dhamma, der Sangha, die Tugend, die Freigiebigkeit, die Betrachtung über die Himmelswesen, die Betrachtung über den Tod, der Tod als Mörder, der Tod als Zerstörer unserer Erfolge, der Vergleich seiner selbst mit anderen, die Hinfälligkeit des Lebens, die Unvorhersehbarkeit des Todes, die Kürze des Lebens, die Kürze des Augenblicks, Betrachtung über den Frieden und andere mehr.

Vipassana-Meditation

Die Vipassana-Meditation, die ebenfalls auf *Buddha* zurückgeht, ist die buddhistische Meditationsweise zur Erlangung von Klarheit.

In ihrer Praxis wird kein besonders tiefer Meditationszustand angestrebt, wie etwa bei der Samatha-Meditation, sondern eine gesteigerte Achtsamkeit. Die gesteigerte Achtsamkeit soll ganz wesentlich auch das Verhalten, die Emotionen und das Denken des Meditierenden verändern. Aus psychologischer Sicht könnte man diese Art der Meditation als Selbsterfahrung bezeichnen. Es beginnt mit der Atmung, der Vorgang des Atmens soll ganz bewusst werden. In weiterer Folge wird die Achtsamkeit auf den ganzen Körper, die Sinneswahrnehmung, die Emotionen und die Gedanken ausgedehnt. Wie Amadeo Solé-Leris beschreibt, ist das ein mitunter mühsamer Prozess. Entscheidend dabei ist, dass die Achtsamkeit einen Einblick in das Erleben und Verhalten des Meditierenden ermöglicht.

Nachdem dem Meditierenden seine Konditionierungen und automatischen Abläufe durch die genaue Beobachtung mittels der Achtsamkeits-Meditation immer bewusster geworden sind und er den Prozess, den Ablauf – etwa seiner Gefühle oder Gedanken – kennt, kann er diese Prozesse auch willentlich verändern.

Angestrebt wird, dass der Meditierende dann auch außerhalb der Meditation in der Lage ist, je nach Situation über die angemessene Einstellung oder Handlung zu entscheiden. Er soll in der Lage sein, verantwortlich zu handeln, Leiden zu vermeiden, seine Unwissenheit zu vertreiben und ein Leben zu führen, wie

es seinen religiösen Vorstellungen oder Verpflichtungen entspricht. Der Endzustand wäre dann die Erleuchtung. Eine praktische Meditationsübung zur Achtsamkeitsmeditation finden Sie
im Übungsprogramm.

Zen-Meditation

Ähnlich der Vipassana-Meditation soll Zen zur Klarheit und Erleuchtung führen. Die Zen-Meditation, die von Japan aus auch
Europa und die USA erreichte, ist eine Meditationsform, bei
der die Konzentration auf die Atmung im Zentrum steht.
Wesentlich dabei ist auch die korrekte Sitzhaltung. Sowohl der
Lotussitz als auch der halbe Lotussitz oder der Sitz auf den Beinen, wobei die Knie den Boden berühren, ist möglich. Um eine
bessere Sitzhaltung einnehmen zu können, wird üblicherweise
ein Kissen oder ein Meditationsschemel benutzt.
Während bei den meisten Meditationstechniken die Augen geschlossen bleiben, sind sie bei der Zen-Meditation halb geöffnet
und auf einen etwa einen Meter entfernten Punkt am Boden gerichtet. Die Hände werden mit dem Handrücken nach unten ge-
kehrt flach aufeinander gelegt, wobei sich die Daumen leicht
berühren. Geatmet wird durch die Nase, und der Atem wird
nicht angehalten. Die Zwerchfellatmung ist vorgesehen, die
Brustatmung ist weniger günstig.
Die Konzentration auf die Atmung kann durch Zählen der Atem-
züge (von eins bis zehn) erfolgen. Dabei werden die ungeraden
Zahlen beim Einatmen gezählt, die geraden beim Ausatmen.
Nach »zehn« beginnt man wieder mit »eins«. Man kann sich aber
auch ohne das Zählen nur auf die Atmung konzentrieren. Letztendlich kann man auch »nur sitzen« (Zazen), ohne zu zählen
oder sich auf die Atmung zu konzentrieren.
Aus der Praxis des Zen sind einige Wirkungen bekannt, die
während der Zen-Meditation auftreten:
Z. B. Makyo, als »Welt der Geister« bezeichnet. Es handelt sich
dabei um optische oder akustische Wahrnehmungen. Nicht ganz
exakt könnte man diese Wahrnehmungen als »Halluzinationen«
oder »Erscheinungen« bezeichnen oder als Inhalte, die aus dem
Unbewussten aufsteigen. Im Zen soll man diesen Wahrnehmun-

gen, ebenso wie den konzentrationsstörenden Gedanken oder Gefühlen, keine Aufmerksamkeit zuwenden.

Als zweites sind die so genannten Zen-Krankheiten zu nennen. Diese stören den Fortschritt des Zen-Schülers in jedem Fall. Es können Denk- oder Gedächtnisstörungen auftreten, oder man gelangt in einen veränderten Bewusstseinszustand und findet nicht mehr zurück. Diese Zen-Krankheiten werden im Wesentlichen darauf zurückgeführt, dass die Vorschriften des Zen und des Roshi (Zen-Meister) nicht eingehalten werden.

Bei Sesshins (Zen-Workshops) werden meist viele Stunden am Tag, durch Pausen aufgelockert, in der Zen-Sitzhaltung verbracht. Wenn die Sitzhaltung nicht richtig eingenommen werden kann, kann das auch zu Problemen in den Knien oder den Beinen führen.

Meist sitzt man im Lotussitz auf einem Polster oder wie in der folgenden Abbildung:

Um Zen zu lernen, bedarf es eines Zen-Meisters; dieser sollte dann nicht mehr gewechselt werden, bevor nicht *Satori* (Erleuchtung) erlangt wurde.

Koan

Das Koan entstammt ebenfalls dem Zen-Buddhismus. Es ist eine Fragestellung, die der Zen-Schüler von seinem Meister er-

hält, und auf die er sich, wann immer möglich, konzentrieren
soll. Das Koan ist aber ein Paradoxon, eine Lösung durch Denken kann nicht erreicht werden oder würde vom Zen-Meister
nicht als richtige Lösung akzeptiert. Das Koan soll dem Schüler
die Grenzen des Denkens deutlich machen und ihn zwingen,
diese Grenzen zu transzendieren, um letztlich das »wahre
Selbst« freizulegen, die Erleuchtung zu erleben oder sich dieser
zu nähern. Bekannt geworden sind Koans wie das folgende:
»Wie klingt das Klatschen mit einer Hand?« oder: »Zeig mir
dein Gesicht, bevor deine Eltern sich kennen lernten«!

Oshos Meditationstechniken

Osho (biographische Angaben s. Seite 24) hat sowohl klassische
Meditationstechniken gelehrt als auch einige Meditationstechniken entwickelt, die sich von den klassischen Meditationsformen,
die meist in einer ruhigen Meditationshaltung ausgeführt werden,
wesentlich unterscheiden.

Er war der Meinung, dass im Gegensatz zu früher viele heute
lebende Menschen nicht mehr in der Lage wären, eine tiefe ruhige Konzentration herbeizuführen. Seine dynamischen Meditationsformen sind durch eine lange Phase der körperlichen
Aktivität, des chaotischen Atmens oder des spontanen Tanzes
gekennzeichnet.

Nach dieser Aktivitätsphase, während der auch alle Gefühle zugelassen und ausgedrückt werden sollen, folgt eine Phase der
Ruhe, in der Meditation entstehen kann. Osho war der Meinung, dass vor der Meditation eine Katharsis erfolgen muss, bevor ruhige Versenkung möglich wird. Unter Katharsis (grie-
chisch für Reinigung) verstand er, ähnlich wie Josef Breuer und
Sigmund Freud anlässlich ihrer »Studien zur Hysterie«, eine
emotionale Reinigung.

Praktiziert werden diese Meditationsformen meist in der Gruppe. Für jede dieser Meditationen gibt es eine dazugehörige Musik, die auf Audio CD erhältlich ist.

Die Instruktionen zu den im Folgenden kurz dargestellten Meditationen sind in Oshos Buch »Meditation. Die erste und letzte Freiheit« ausführlich dargestellt.

Oshos Dynamische Meditation

Sie dauert insgesamt 60 Minuten und ist in vier Phasen unterteilt. In der ersten Phase (10 Minuten) liegt der Schwerpunkt auf schnellem, chaotischen Atmen, das in Bewegung oder im Stehen praktiziert wird. In der zweiten Phase (10 Minuten) sollen spontane Körperbewegungen und Gefühle zugelassen werden. In der dritten Phase (10 Minuten) wird mit erhobenen Armen auf und ab gesprungen und das Mantra HU tief aus dem Bauch heraus gerufen. In der vierten Phase (15 Minuten) soll man in der jeweiligen Bewegung erstarren, sich nicht mehr bewegen und aufmerksam beobachten, was in sich selbst vorgeht. Osho nennt dies »Zeuge sein«, und das hat Ähnlichkeit mit der Vipassana- (Klarheits-) Meditation. In der fünften und letzten Phase (15 Minuten) soll man mit Musik und Tanz feiern.

Oshos Kundalini Meditation

Sie ist der Dynamischen Meditation ähnlich, es gibt jedoch vier Phasen zu je 15 Minuten.

In der ersten Phase wird der Körper im Stehen geschüttelt. In der zweiten Phase wird zur Musik frei getanzt. In der dritten Phase werden die Augen geschlossen, man setzt sich, verhält sich still und beobachtet unbeteiligt, was sich innen und außen ereignet. In der letzten Phase legt man sich mit geschlossenen Augen hin und bleibt ganz ruhig.

Oshos Nataraj Meditation

Sie dauert insgesamt 65 Minuten und ist in drei Phasen unterteilt. In der ersten Phase (40 Minuten) soll mit geschlossenen Augen zur Musik getanzt werden; spontane Bewegungen des Körpers sind erwünscht. Die Kontrolle über die Körperbewegungen und den Körperausdruck soll aufgegeben werden. In der zweiten Phase (20 Minuten) legt man sich nieder, schließt die Augen und ist ruhig und still. In der letzten Phase (5 Minuten) soll man wieder tanzen, den Tanz genießen, den Tanz feiern.

Oshos Nadabrahma Meditation

Sie dauert 60 Minuten und ist in drei Phasen unterteilt. In der ersten Phase (30 Minuten) sitzt man in entspannter Haltung mit

geschlossenen Augen und beginnt zu summen und lässt in der
Folge das Summen spontan geschehen. In der zweiten Phase
(15 Minuten) werden kreisförmige Bewegungen mit den Händen gemacht. In der letzten Phase bleibt man ruhig und still sitzen oder legt sich nieder.

Oshos Gourishankar Meditation
Sie besteht aus vier Phasen, die jeweils 15 Minuten lang sind.
In der ersten Phase wird sitzend eine Atemmeditation praktiziert, wobei der Atem immer lang angehalten werden soll. In
der zweiten Phase folgt eine Konzentration auf eine Kerzen-
flamme oder ein blaues Flackerlicht, bei normaler Atmung, ruhig sitzend. In der dritten Phase steht man mit geschlossenen
Augen, erspürt innere Energien und lässt sie den Körper bewegen. In der letzten Phase legt man sich nieder, schließt die Augen und bleibt ruhig und still.

Die wissenschaftliche Erforschung der Meditation

Viele religiöse Menschen neigen zu der Meinung, Wissenschaft
– noch dazu Naturwissenschaft – und Religion sollte man auseinander halten. Glaube ist dort, wo das Wissen nicht hinreicht.
Echte religiöse Fragen kann die Naturwissenschaft auch nicht
beantworten. Die Auswirkungen von Meditation, Gebet, scha-
manischer Reise usw. kann die Wissenschaft jedoch untersuchen, und ich halte das auch für angebracht.
Wie der 14. Dalai Lama und Friedensnobelpreisträger in seiner
Biographie ausführt, ist er von der Nützlichkeit der modernen
Wissenschaft überzeugt. Nach einigem Zögern gestattete er die
Untersuchung verschiedener meditativer und spiritueller tibetischer Techniken. Bei vielen seiner Landsleute rief das ein un-
gutes Gefühl hervor, weil sie die Ansicht vertraten, dass diese
Techniken geheim zu bleiben hätten, da sie auf Geheimlehren
beruhten. Der Dalai Lama hielt dem entgegen, dass die Ergebnisse solcher Forschungsarbeit nicht nur der Wissenschaft, sondern möglicherweise auch den religiösen Menschen in ihrer reli-

giösen Praxis zugute kommen würden – und dadurch der ganzen Menschheit.

Häufiger sind jedoch jene Gurus, die eine wissenschaftliche Erforschung ihrer Meditationstechniken nicht gestatten. Diese Techniken und ihre Auswirkungen können daher nur von ihren eingeweihten SchülerInnen bewertet werden. Dabei gibt es jede Menge Irrtumsmöglichkeiten, von bewusst vorgetäuschten Resultaten ganz abgesehen.

Die ersten wissenschaftlichen Untersuchungen der Meditation und des Yoga wurden bereits 1931 von Behanan Kovoor durchgeführt. Später untersuchte er indische Yogis und erhielt dabei Unterstützung von Swami Kuvalyananda.

Die Forschung mit Meistern

In weiterer Folge waren es indische Yogis und Zen-Mönche, deren Übungen und Meditationen wissenschaftlich untersucht werden konnten.

1955 untersuchten Das und Gastout sieben Kriya-Yoga praktizierende Mönche in Indien. Diese meditierten im Lotussitz. Fast während der ganzen Meditationsdauer zeigten die Ableitungen des EMG (Elektromyogramm: Registrierung der Aktionsströme der Muskeln) vom linken und rechten Oberschenkelstrecker keinerlei elektrische Aktivität. Normalerweise hätte man eine Aktivität erwarten dürfen. Die Herzaktivität stieg während des Samahdi auf 95 Schläge in der Minute an; sonst war sie immer niedriger. Die Gehirnwellen veränderten sich zu einem ansteigenden Alpha-Rhythmus, aber auch Beta-Wellen traten auf. Normalerweise werden im Ruhezustand bei geschlossenen Augen Alpha Wellen beobachtet, bei geöffneten Augen Beta Wellen.

Das Gehirnstrombild änderte sich auch nicht bei tiefer Meditation durch Vorgabe von optischen, akustischen oder taktilen Reizen. Normalerweise reagiert das Gehirn durch eine Veränderung seiner Aktivität bei Vorgabe dieser Reize.

Weitere wissenschaftliche Untersuchungen brachten äußerst interessante Ergebnisse. So gelang es, erste Gehirnstromdaten zum Samahdi, der mit Erleuchtung gleichgesetzt wird, bei indischen Mönchen zu erheben. Die Mönche zeigten ein ruhiges entspanntes Gehirnstrombild (Alpha-Rhythmus), das sich auch nicht änderte, als die Wissenschaftler versuchten, sie durch starke äußere Reize abzulenken: z. B. durch helles Licht oder knallende Geräusche (sie ließen auch Stimmgabeln an ihren Ohren anklingen und berührten sie mit heißen Glasröhren usw.). Zwei der Mönche baten auch, man möge ihre Hände in eiskaltes Wasser tauchen. Es schien so, als seien die Meditierenden für Sinnesreize nicht ansprechbar. Keiner dieser Versuche führte zu einer charakteristischen Änderung des Gehirnstrombildes. Die Mönche behaupteten im Zustand des Samahdi, diese Reize nicht gespürt zu haben.

Befanden sich die Mönche aber nur in einem leicht entspannten Zustand, kam es zu den erwarteten Änderungen im Gehirnstrombild, wenn sie von entsprechenden Außenreizen bedrängt wurden.

Die japanischen Neuropsychiater Kasamatsu und Hirai untersuchten Zen-Mönche während ihrer Meditation, indem sie versuchten, diese durch akustische Reize, die sie alle 15 Sekunden wiederholten, zu stören.

Normalerweise werden diese Reize nach einiger Zeit aus der Wahrnehmung ausgeblendet, so wie wir das Ticken einer Uhr nach einiger Zeit nicht mehr voll bewusst wahrnehmen.

Eine Gruppe von japanischen Probanden, die keine Zen-Mönche waren, zeigte diese Reaktion, die mittels eines Elektroencephalographen untersucht wurde. Bei den Zen-Mönchen mit Meditationspraxis trat dieses Ausblenden nicht auf; sie zeigten keine Habituation (Gewöhnungsreaktion). Die Mönche fühlten sich aber in keiner Weise durch das Klicken gestört.

Es folgten noch weitere Untersuchungen mit »Meditationsmeistern«. Dann aber verlor die Wissenschaft langsam das Interesse, zumal die Ergebnisse nicht auf »Nichtmeister« umsetzbar und die Meditationsmethoden der Meister oft sehr unterschiedlich waren. In den siebziger und achtziger Jahren unseres Jahrhunderts kam es, dann aber vor allem in den USA, zu einem regelrechten Boom von Untersuchungen der Meditation.

Transzendentale Meditation

Maharishis *transzendentale Meditation* hatte sich stark verbreitet, und es gab die Möglichkeit, diese weitgehend standardisierte Methode an einer großen Anzahl von Meditierenden zu untersuchen. Von Maharishi, der eigene Forschungseinrichtungen bildete, und die Erforschung der Auswirkungen von TM förderte, gibt es zusammengefasste Forschungsberichte, die die Wirksamkeit seiner Methode klar aufzeigten. In der BRD wurde die TM beispielsweise von Christa Kniffki untersucht. Die physiologischen Forschungsergebnisse zur TM waren ein Durchbruch und zugleich der klare Nachweis über die wohltuenden und gesundheitsfördernden Auswirkungen der Mantra-Meditation.

Nach Aron und Aron werden im Wesentlichen folgende positive Auswirkungen der TM-Praxis zugeschrieben: physiologische Veränderungen während der Meditation: Verringerung der Stoffwechselrate, Abnahme des Atemvolumens, Veränderung der Herzfrequenz, Zunahme des Hautwiderstands, Muskelentspannung, Abnahme des Milchsäuregehaltes im Blut, Verringerung des Cortisonspiegels, Abnahme der Normadrenalinwerte, Anstieg des Serotonins, vermehrte Synchronisation und Kohärenz der Gehirnwellen (EEG).

Dazu kommen noch besondere Veränderungen, die dem Bewusstseinszustand der Transzendenz zugeschrieben werden: fast völliger Atemstillstand, außergewöhnliches Absinken der Herzfrequenz, starker Anstieg des Hautwiderstandes, beinahe völlig kohärentes Gehirnstrombild. All diese Untersuchungen wiesen auf die Entspannung und Stresslösung während der Meditation hin.

An positiven Veränderungen durch regelmäßige Meditationspraxis bei Meditierenden wurde Folgendes festgestellt: Verbesserte neuro-muskuläre Koordination, verbesserte Gehirnleistungen, verbesserte Sinneswahrnehmung, gesteigerte Wahrnehmungsfähigkeit, gesteigerte Feldunabhängigkeit, verminderte Angst, verminderte Depression, erhöhtes Einfühlungsvermögen, zunehmende Selbstverwirklichung, erhöhte Selbstachtung, vermehrte Toleranz und Flexibilität, verbesserte Schulleistungen, erhöhte Kreativität, Steigerung der Intelligenz, bessere Bezie-

hungen in Familie und am Arbeitsplatz, bessere Leistungsfähigkeit, positiver Einfluss auf folgende psychosmatische Störungen:
Bluthochdruck, Asthma, Angina Pectoris, Schlafstörungen.
Außerdem wurde die Reduzierung des Drogenkonsums und die
erfolgreiche Rehabilitation von Strafgefangenen und jugendli-
chen Rechtsbrechern festgestellt.

Schließlich wurden auch noch Einwirkungen auf die Gesell-
schaft (Maharishi-Effekt) untersucht: Soziologische Studien zeigen einen positiven Einfluss (Senkung der Kriminalitätsrate,
Rückgang der Selbstmorde usw.), wenn ein Prozent der Bevölkerung regelmäßig TM praktiziert.

Immer wieder wurde aber an der TM-Forschung und der Darstellung ihrer Ergebnisse Kritik geübt, etwa durch Patricia Carrington. Ein wichtiger Kritikpunkt Carringtons war die Geheim-
haltung der Mantras während der Initiation in die Methode, die
in Form eines »vedischen Ritus« durchgeführt wurde.

Das entspricht streng genommen nicht den wissenschaftlichen
Kriterien, weil unterschiedliche Mantras möglicherweise unterschiedliche Wirkungen besitzen könnten. Auf der anderen Seite, zu der ich neige, kann man aber auch sagen, dass es mittlerweile viele Untersuchungen gibt, die die physiologischen Veränderungen während der Meditation mithilfe eines Mantras
belegen, unabhängig von dem verwendeten Mantra. Auch die
Untersuchungen von anderen Formen der Mantrameditation,
also nicht der TM, haben ja vergleichbare Ergebnisse erbracht.
Während es also zu den Forschungsergebnissen der Wissenschaftler im Labor, die die physiologischen Veränderungen
während der Meditation untersucht haben, kaum Kritik gibt, ist
das bei den längerfristigen positiven Auswirkungen, die der
TM-Praxis zugesprochen werden, nicht immer so.

Kritiker dieser Studien behaupten, langfristige positive Auswirkungen auf psychischer oder sozialer Ebene seien vorwiegend
durch das Gemeinschaftsgefühl der »TM-Jünger« bedingt und
nicht ausschließlich durch die Meditationspraxis.

Dieser Einwand ist sicher nicht einfach zu widerlegen, denn
wissenschaftlich ist ein derartiger Effekt schwer zu kontrollie-
ren. In einigen Bereichen wurden vergleichbare Ergebnisse mit
anderen Meditationsmethoden, etwa der Benson-Technik oder
der klinisch standardisierten Meditation gefunden. Diese sind

dann wissenschaftlich besser abgesichert als ausschließlich mit TM erzielte Veränderungen. Daraus lässt sich aber auch mit einer hohen Wahrscheinlichkeit schließen, dass Mantra-Meditation effizient ist.

Ein weiterer Kritikpunkt von Patricia Carrington ist, dass die Untersuchungsmethoden einiger Studien, die daraus abgeleiteten Aussagen eigentlich nicht zulassen. Insbesondere ist die Darstellung dieser Forschungsergebnisse in der populär-wissenschaftlichen Literatur für Laien manchmal irreführend, da diese die Originalliteratur nicht kennen bzw. die Aussagekraft der Studien nicht bewerten können. Carrington meint damit, dass die Aussagekraft von wissenschaftlichen Untersuchungen durch die Art der Datengewinnung und ihrer Weiterverarbeitung gekennzeichnet ist.

Bei der TM finden sich tatsächlich unterschiedliche Forschungsdesigns. Einige Ergebnisse sind durch eine große Anzahl von Untersuchungen abgesichert, zu anderen gibt es nur eine oder wenige Studien, die dazu noch methodische Mängel aufweisen. In populärwissenschaftlichen Büchern werden oft alle Ergebnisse als gleichwertig dargestellt. Manchmal kommt es dabei leider auch zu unzulässigen Interpretationen der Ergebnisse.

Zwei Beispiele dafür möchte ich zur Erläuterung kurz darstellen: Ein Beispiel dafür ist das folgende aus dem Buch von Gottwald und Howald. Die Autoren führen eine Untersuchung von Aron und Aron an, aus der sie ableiten wollen, dass sich Meditation günstig auf Ehebeziehungen auswirkt. Aron und Aron befragten 34 verheiratete Frauen, die etwa 30 Jahre alt waren, mithilfe eines Fragebogens, ob sie mit ihrer Ehe zufrieden wären. Die Hälfte der befragten Frauen übte seit mehreren Jahren TM aus, die andere meditierten nicht. Die meditierenden Frauen erwiesen sich als mit ihrer Ehe zufriedener als die nicht meditierenden Frauen.

Dieses Ergebnis, an einer kleinen Stichprobe erhoben, lässt keineswegs die generelle Deutung zu, dass Meditierende eine bessere Ehe führen als andere. Ohne jetzt näher auf die Probleme mit Forschungsmethoden einzugehen, ist festzuhalten, dass die gestellte Frage eine andere Vorgehensweise erfordert hätte. Vorzuziehen wäre etwa eine Verlaufsuntersuchung über die Ehezufriedenheit bei Frauen und Männern, die meditieren und nicht meditieren.

Ein anderes Beispiel bezieht sich auf die Auswirkungen der TM auf die Kreativität. Im Kapitel »Kreativitätsförderung« zitieren die Autoren eine Untersuchung von Mac Cullum. Dieser verglich mittels eines Kreativitätstests die Kreativität von länger TM Praktizierenden und Anfängern der TM. Das Resultat war, dass die länger Meditierenden eine höhere Kreativität aufwiesen. Das sagt aber keineswegs aus, dass TM die Kreativität steigert, obwohl der Leser, so er Laie ist und sich nicht mit Wissenschaft und ihren Regeln auskennt, das vermuten dürfte.

Um eine Steigerung der Kreativität mittels TM nachzuweisen, müsste man vor Beginn der TM-Praxis die Kreativität erheben und nach einiger Zeit der TM-Praxis erneut die Kreativität messen. Zudem wäre eine Vergleichsgruppe von nicht meditierenden Personen nötig. Die so erhobenen Daten könnten dann zur Prüfung der Fragestellung herangezogen werden.

In diesem Zusammenhang wäre es nötig, die umfassende Originalliteratur zum Thema einzusehen.

Die Kritik an der TM führte letztlich zur Entwicklung von zwei neuen Verfahren: Patricia Carrington entwickelte die *klinisch standardisierte Meditation* aus einer gewissen Unzufriedenheit mit der TM heraus. Aus ihrer Sicht eignet sich diese nicht vollständig zur Erforschung der Meditation, weil die Mantras geheim gehalten werden, und weil der Schüler sein Mantra im Rahmen einer vedischen Einweihungszeremonie erhält. Bei der klinisch standardisierten Meditation wird auf diese Zeremonie verzichtet. Statt den geheimen Mantras bietet sie zweisilbige Sanskritwörter an, von denen sich jeder, der die Meditation lernen will, ein entsprechendes aussuchen kann. Im Vergleich mit der TM zeigte sich bei beiden Methoden eine deutliche Verringerung der Angstwerte nach 10 Wochen.

Die zweite Methode stammt vom Kardiologen Herbert Benson, der schon bei den bahnbrechenden Studien zur TM mitgearbeitet hatte. Er entwickelte eine eigene Methode. Sie wird als Benson-Technik oder *Relaxation Response* bezeichnet. Nach einer vorausgehenden Muskelentspannung wird mit dem Ausatmen jedes Mal das Wort »one«, die englischsprachige Bedeutung für

»eins«, oder ein anderes, selbst gewähltes Wort gedacht und quasi als Mantra verwendet.

Laboruntersuchungen ergaben vergleichbare Wirkungen, wie sie aus der TM bekannt waren: geringeren Sauerstoffverbrauch, langsamere Atemfrequenz, weniger CO_2-Ausscheidung usw. Benson beschrieb seine Methode als eine »nichtkultische Meditationstechnik«. Die positiven Effekte von regelmäßig durchgeführter Mantra–Meditation sind heute weitgehend unbestritten.

Der gegenwärtige Forschungsstand

Der Psychologe Michael Murphy schreibt in seinem Buch »Der Quantenmensch. Ein Blick in die Entfaltung des menschlichen Potentials im 21. Jahrhundert«, dass seit Anfang der siebziger Jahre mehr als 1000 Studien über Meditation in englischsprachigen Zeitschriften, Büchern und Dissertationen veröffentlicht wurden. In seinem Buch findet sich ein umfassendes Literaturverzeichnis dazu. Folgende Auswirkungen der Meditation sind nach seiner Sichtung der einschlägigen Fachliteratur erwiesen:

– *Verminderte Herzfrequenz während der Meditation*

Ein Hinweis auf Entspannung und Stressabbau.

– *Blutdrucksenkung während der Meditation*

Während der Meditation kommt es bei Menschen mit normalem oder leicht erhöhtem Blutdruck zu einer Blutdrucksenkung. Hierbei handelt es sich um eine Reaktion im Sinne von Entspannung und Stressabbau.

– *Veränderungen der Gehirnaktivität während der Meditation*

Mit dem Elektroencephalographen wurden Aktivitätskorrelate des Gehirns gemessen: Während der Meditation kommt es zum Ansteigen der Alpha-Wellen, auch Theta-Wellen können auftreten – dies wird oft als Ruhe und Klarheit erlebt.

Es kommt auch zu Sprüngen der Beta-Aktivität, die für den Meditierenden oft mit Lustgefühlen, Ekstase oder tiefer Konzentration verbunden sind. Die Herzfrequenz steigt dabei an.

Es kommt auch zu einer Synchronisierung der Hemisphären. Das bedeutet, dass Gehirndurchblutung und Gehirnaktivität der

Hemisphären sich angleichen; die Hemisphärendominanz wird ausgeglichen.

– *Unterschiedliche Reaktionen auf wiederholt dargebotene Stimuli*
Einige Meister der Meditation zeigten in der Versenkung keine Reaktionen auf Störreize. Bei anderen zeigte sich keine Habituation auf wiederholte Reize. Diese Resultate lassen sich als Abschalten der Außenwelt und als bewusste Aufmerksamkeit deuten.

– *Veränderung des Stoffwechsels und der Atmung während der Meditation*
Ein Hinweis auf Entspannung und Stressabbau.

– *Herabsetzung der Muskelspannung und Milchsäureproduktion während der Meditation*
Ein weiterer Hinweis auf Entspannung und Stressabbau.

– *Veränderung des elektrischen Hautwiderstandes während der Meditation*
Ein zusätzlicher Hinweis von Entspannung und Stressabbau.

– *Veränderung des Speichels während der Meditation*
Wieder ein Hinweis auf Entspannung und Stressabbau.

– *Verbesserung im Umgang mit Stress*
Ein verbesserter Umgang mit Stress wurde nur bei regelmäßig Meditierenden gefunden.

– *Schmerzlinderung*
Bei Menschen, die an chronischen Schmerzen leiden, zeigte sich durch regelmäßige Meditation eine Linderung der Schmerzen.

– *Verbesserte Sehempfindlichkeit*
Verbesserte Sehempfindlichkeit zeigte sich nur bei regelmäßig Meditierenden.

– *Verbesserte Hörschärfe*
Verbesserte Hörschärfe zeigte sich nur bei regelmäßig Meditierenden.

– *Verbesserung der Reaktionszeit und der reaktiven motorischen Geschicklichkeit*
Diese Verbesserung zeigte sich ebenfalls nur bei regelmäßig Meditierenden.

– *Erhöhte Feldunabhängigkeit*
Die erhöhte Feldunabhängigkeit zeigte sich nur bei regelmäßig Meditierenden. Eine größere Feldunabhängigkeit ist vorwiegend

durch eine bessere Selbstwahrnehmung gekennzeichnet sowie eine größere Eigenständigkeit und ein besseres Identitätsgefühl.

– *Erhöhte Konzentration und Aufmerksamkeit*

Erhöhte Konzentration und Aufmerksamkeit trat nur bei regelmäßig Meditierenden auf.

– *Erhöhte Empathie*

Erhöhte Empathie zeigte sich nur bei regelmäßig Meditierenden. Diese führt oft zu einer größeren »Offenheit« im Umgang mit anderen Menschen.

– *Angstreduzierung*

Angstreduzierung zeigte sich nur bei regelmäßig Meditierenden.

– *Hilfe bei Sucht*

Süchtige, die Meditieren lernten, konnten ihre Abhängigkeit reduzieren.

– *Verbesserung von Gedächtnis und Intelligenz*

Diese Verbesserung trat nur bei regelmäßig Meditierenden auf.

Hinzu kommen noch viele subjektive Berichte über positive Erfahrungen während der Meditation und über Auswirkungen regelmäßiger Meditation, die bisher nicht wissenschaftlich erforscht wurden oder nicht eindeutig wissenschaftlich geklärt sind.

Erforscht werden müssen auch noch bekannte Meditationstechniken, wie die im Buch beschriebenen: die ganze »hinduistische Physiologie« mit dem »Prana«, den Energiezentren, der Chakra-Meditation und der »Schlangenkraft« Kundalini, tibetische Meditationstechniken, tantrische Meditationstechniken, Kriya Yoga und andere mehr.

Wenn es zu einer guten Zusammenarbeit zwischen Meditationsmeistern und der Wissenschaft kommt, dürfen wir noch einige sensationelle Resultate der Meditationsforschung erwarten.

Wirkt Meditation auf unsere Gesellschaft positiv ein?

Die Idee, dass Meditation auch auf unsere Umgebung positiv einwirkt, wird in einigen Geschichten von den großen Gurus, die im Himalaja meditieren, um so unsere Bewusstseinsentwicklung zu fördern, an uns herangetragen.

Es gibt auch nicht selten die Erfahrung, dass Meditation in einer Gruppe zu tieferen Meditationserfahrungen führt oder andere positive Ereignisse stattfinden.

Nach Maharishis Aussagen verändern sich soziale Systeme (Städte, Staaten, die ganze Welt), wenn ein Prozent der Betroffenen regelmäßig meditiert. Wenn es sich um Meditation mit der *TM Siddhi-Technik* handelt, soll sogar die Anzahl der Wurzel aus einem Prozent der Bevölkerung ausreichend für positive Veränderungen sein.

Die TM Siddhi-Technik basiert auf der TM, bezieht aber die Yogasutren des Patanjali in die Meditationspraxis ein. Unter Siddhis versteht man die außergewöhnlichen Eigenschaften eines voll entwickelten Yogis, wie Levitation (Schweben), das Entdecken von Objekten bei geschlossenen Augen und andere mehr. Nach Maharishi versteht man darunter eine positive Beeinflussung der objektiven Welt durch die Meditationspraxis. Das Buch »Der Maharishi Effekt« von Aronson und Aronson, zwei TM Lehrern, stellt die Forschungsdaten zu diesem Bereich zusammen.

Maharishis Hypothese wurde durch entsprechende soziologische Forschungen in mehreren Untersuchungen untermauert. Die im Buch angeführten Untersuchungen zeigten jedes Mal einen statistischen Zusammenhang zwischen der Anzahl der Meditierenden und den positiven Auswirkungen auf das soziale System in einem bestimmten Zeitraum.

Als Kriterien für die positiven Auswirkungen wurden unterschiedliche Werte, wie zum Beispiel der Rückgang der Kriminalitätsrate, Rückgang der Selbstmorde, Arbeitslosigkeit, Drogenkonsum, Luftverschmutzung und andere mehr, angegeben. Für die Autoren gilt der Einfluss als erwiesen. Um diese Untersuchungen zu beurteilen, müsste man sich sehr intensiv mit den Originalarbeiten befassen, was den Rahmen dieses Buches aber bei weitem überschreiten würde.

Gurus, Einweihungen, Meditationslehrer, Meditationskurse, Workshops

An den Gurus und an den »spirituellen Meistern« scheiden sich die Geister. Manche sehen in ihnen erleuchtete, gottähnliche Wesen, andere betrachten sie als Scharlatane. Aber nicht alle »spirituellen Meister« sind gleich. Ihre Organisationen, ihre Meditationspraxis, ihre Herkunft, ihr Auftreten, ihre Lehre, all dies kann sehr verschieden sein.

Nach Ansicht des Religionspsychologen Bernhard Grom erfordert eine intensive spirituelle Schulung aber zumindest in der Anfangsphase einen anregenden und klärenden Austausch mit einem erfahrenen und integren »spirituellen Meister«. Traditionellerweise ist das in der katholischen Kirche der Beichtvater, im orthodoxen Christentum der Starez, im Hinduismus der Swami oder Guru, im Sufismus der Sheikh, im Zen-Buddhismus der Roshi, im tibetischen Buddhismus der Lama bzw. der Rinpoche.

Lama (Rinpoche) ist die Bezeichnung für einen religiösen Meister (Guru) des tibetischen Buddhismus. Vom Schüler wird ihm Verehrung entgegengebracht, weil sich in ihm die buddhistische Lehre unverfälscht verkörpert. Die traditionelle Ausbildung eines Lama umfasst ein mehrjähriges Studium der buddhistischen Philosophie und der Meditation. Zudem muss ein Lama für die Dauer von mehr als drei Jahren zurückgezogen leben. Erst dann ist er berechtigt, sich Lama zu nennen und sein Wissen weiterzugeben.

Roshi ist die Bezeichnung für einen Zen-Meister. Dieser muss entsprechend der Tradition als Schüler durch einen anderen Roshi unterrichtet und später auch öffentlich anerkannt werden. Er muss nicht unbedingt ein Mönch oder ein Mann sein: Eine Frau kann genauso ein Roshi werden wie ein Mann. Aufgabe eines Roshi ist es, seine Schüler auf dem Weg zur Erleuchtung anzuleiten.

Der Begriff *Guru* kommt aus Indien und bedeutet soviel wie Lehrer. Meist wird bei uns darunter der spirituelle Lehrer verstanden. Dieser kann uns auf dem Weg zur Selbst- und Gotteserkenntnis anleiten. Gurus werden als spirituelle Lehrer verstanden, deren spirituelle Lebensweise und spirituelle Erfahrung sie vor anderen auszeichnet. Manche von ihnen sind tatsächlich außergewöhnliche Menschen, andere stehen im Kreuzfeuer der Kritik. Ihnen werden spiritueller Lebenswandel, Weisheit und hohe spirituelle Erfahrung abgesprochen. Manche geraten in Konflikte mit Behörden, der Öffentlichkeit oder auch mit Schülern, die ihnen keine spirituelle Autorität mehr zugestehen wollen.

Ähnlich, Zustimmung oder Ablehnung anbetreffend, steht es um tibetische Lamas und Zen-Meister.

Im Allgemeinen ist zu bedenken, dass man bei einem Guru keine Meditationsmethode allein »einkauft«, sondern einen »Heilsweg«, der unter Umständen mit einem spezifischen Kult verbunden ist.

Die Meister-Schüler-Beziehung

Die Beziehung zwischen dem Meister und seinem Schüler ist von besonderer Art. Der Meister ist meist erleuchtet, der Schüler nicht. Meistens war der Meister auch einmal ein Schüler. In diesem Fall hat er alles von seinem Meister gelernt und ist jetzt von ihm autorisiert, sein Wissen an andere weiterzugeben.

In der Regel wird von dem Schüler ein hohes Maß an »Folgsamkeit« gegenüber seinem Meister verlangt. Spirituelle Täuschungen und Gefahren, so wird argumentiert, wären nur unter entsprechender Leitung zu umgehen oder zu bewältigen. Zudem warnen die Gurus oft auch selbst vor Scharlatanen, »falschen Gurus« und Ausbeutern.

An sich ist die Meister-Schüler-Beziehung auf die spirituelle Leitung beschränkt, aber wo hier die Grenzen liegen, definiert meist der Meister. Letztendlich soll die Beziehung so fortschreiten, dass der Schüler seinen »inneren Meister« oder die Erleuchtung findet und damit dann auch seine Autonomie voll wiedererlangt. Dieser klassische Weg vom Schüler, der seinen Meister sucht, ihn findet, sich an des Meisters Lehren und Vorschriften hält und schließlich selbst erleuchtet wird, entspricht dem Weg Yoganandas, Milarepas und anderer bedeutender Gurus.

Man hört aber nicht selten von »spirituellen Meistern«, die diese Tradition missbrauchen und eine emotionale Abhängigkeit bei ihren Schülern schaffen, sie zu einer regen Spendentätigkeit motivieren und gelegentlich auch zu sexuellen Aktivitäten animieren, deren einzige Nutznießer sie selbst sind. Die meisten Schüler, die an ihren Meister glauben, werden ein derartiges Verhalten als unmöglich erachten und in entsprechenden Anschuldigungen nur die Bosheit der »anderen« erkennen.

Es ist immer gefährlich, wenn die Schüler ihrem Guru bedingungslos folgen, wenn er für sie die alles überragende gottgleiche Person repräsentiert. Dann erscheint ihnen alles, was er macht, ohne Zweifel notwendig und richtig. Was andere dem Guru als Fehlverhalten anlasten würden, ist für den extrem gläubigen Schüler kein Grund zu irgendeinem Tadel.

Im Extremfall kann ein unethisches Verhalten des Gurus also auch als barmherziges, sinnvolles und positives Verhalten missverstanden werden. Zum Beispiel: Wenn der Guru Geschlechtsverkehr mit einer Schülerin hat, wäre das seiner Überzeugung nach in Ordnung; es stünde ihm zu, und für die Frau wäre es angeblich eine Ehre und eine außergewöhnlich hohe spirituelle Erfahrung. Wenn er seine Macht dazu verwendet, vom Geld seiner Schüler in »Saus und Braus« zu leben, wäre auch das in Ordnung – schließlich gibt er ihnen ja alles, was sie wirklich suchen und brauchen. Wenn er jemanden erniedrigt, dann doch nur, damit derjenige sein falsches Ego erkennt und loslassen kann, usw.

Jede Handlung und Meinung des Gurus kann so als Prüfung, geheime Botschaft, das Übernehmen fremden Karmas usw. verstanden werden. Der Guru hätte dann immer Recht und wäre ohne Fehl und Tadel. Er ist ja eine Verkörperung des höchsten Bewusstseins! Kritik an ihm würde höchstens zeigen, wie wenig entwickelt das Bewusstsein des Kritikers ist!

Eine gelungene Analyse, wie es geschehen kann, dass Gurus ihre Macht missbrauchen, haben Joel Kramer und Diana Alstad in ihrem Buch »Die Guru Papers. Masken der Macht« sehr klar herausgearbeitet. Ich möchte sie kurz zusammengefasst mit eigenen Worten wiedergeben: Die SchülerInnen dieser Gurus werden als anfällig dafür bezeichnet, einen Guru zu »vergöttlichen«, der ihnen den »Weg zum Heil« aufzeigt und freundlich mit ihnen umgeht. Eigene Probleme bewegen sie dazu, sich nach alternativen Lösungen umzusehen. Ein entsprechender mit guten Werbestrategien operierender Guru und seine Lehre wird dann für sie interessant.

In der Gruppe der Schüler wird man aufmerksam und freundlich behandelt; man gehört zu denen, die den »Durchblick« haben; man fühlt sich in der Gruppe sehr wohl und geborgen. Es entsteht der Eindruck, dass es möglich wird, nicht nur alle seine Probleme zu lösen, sondern auch höchste spirituelle Reife zu erwerben, wenn man dem Guru folgt. Die Hingabe an den Guru, die Lehre und die Gruppe sind der einzige Weg. Diese Schüler treffen möglicherweise auf einen Guru, der kulturell entwurzelt, aus seinem Ashram (Kloster) herausgerissen ist. Plötzlich ist der Guru auch mit westlichen SchülerInnen konfrontiert, die ganz anders sind als seine früheren Schüler; vor allem sind da auch sehr attraktive Schülerinnen, die ganz anders sind als die Frauen in seiner Heimat. Die Schülerinnen meditieren brav, sie folgen seinen Anweisungen, sie bemühen sich um seine Zuneigung, sie schenken ihm ein Auto, ein Zentrum ...

Die Selbstüberschätzung und die Realitätsverkennung kann sich kritiklos entfalten.

Wahrscheinlich gibt es unter allen Gurus, Roshis, Lamas, Priestern und spirituellen Lehrern immer einige, die ihren Aufgaben und den an sie gestellten Anforderungen ethischer und moralischer Art nicht gewachsen sind. Das ist bei Rechtsanwälten, Ärzten, Psychotherapeuten, Kaufleuten, Lehrern, Polizisten und anderen Berufsgruppen ähnlich. Letztlich finden sich auch unter den Gurus schwarze Schafe, die sich dann vor Gericht zu verantworten haben.

Einen extremen Fall berichtet Ernst Stürmer in seinem Buch »Paradies Rishikesh«. Die Hochburg der Gurus – einst und jetzt« aus der Schweiz: In Lausanne wurde der aus Rishikesh in Indien stammende Mönch Swami Omkaranda am 22. Mai 1979 nach einmonatiger Prozessdauer zu 14 Jahren Haft verurteilt. Man hatte ihm Anstiftung zu Mord und Mordversuch zur Last gelegt. Der Swami aus Rishikesh, der im Alter von 17 Jahren bereits der Welt entsagt hatte und in einen angesehenen Ashram eingetreten war, hatte im Alter von 35 Jahren bereits ein beachtliches literarisches Werk vollbracht. In den sechziger Jahren begegnete ihm eine vermögende Schweizerin, die den Swami in die Schweiz zu Vorträgen einlud. Später ließ sich der Swami, von SchülerInnen bedrängt, in der Schweiz nieder und gründete ein spirituelles Zentrum. Seine Bewegung wuchs rasch und fand viele wohlhabende Anhänger, so dass er bald 15 Häuser erwerben konnte. Das erregte Neid und Missgunst bei den Nachbarn. Der Swami organisierte nach Vorbild seines Heimataschrams eine Druckerei, einen Verlag und einen Tempel.

Die Reibereien mit den Nachbarn verstärkten sich, als der Swami seine Häuser himmelblau anmalen ließ. Das unkonventionelle Verhalten des Swamis und seiner Schüler erregte das Ärgernis vieler Bürger. Es kam zu Verleumdungen, Schmähungen und Gerichtsprozessen. Der Swami dürfte die Bürger als spirituelle Feinde betrachtet haben. Mithilfe einer Hexe aus England und eines Zauberers aus Indien, die der Swami einfliegen ließ, versuchte er vergebens, die Probleme zu bereinigen. Allerhand makabre Rituale, schwarze Messen und Ähnliches sollen dabei vorgekommen sein. Nachdem die Magie nicht gewirkt hatte, begannen seine Schüler mit einer »chemischen Kriegsführung« gegen ihre Feinde. Giftige Chemikalien wurden auf Türklinken, in Milchkannen oder Bonbons den »Feinden« untergeschoben. Letztendlich ging die Gruppe um den Swami auch mit Sprengstoff gegen ihre Feinde vor. Das soll aber so dilettantisch gewesen sein, dass glücklicherweise niemand zu Schaden kam. Stürmer führt aus, dass die Mitangeklagten, die SchülerInnen des Gurus, ihre eigene Persönlichkeit vollkommen preisgegeben hatten und dem Swami willenlos ergeben waren.

Gurus und »spirituelle Meister« sollten zu ihren SchülerInnen eine Beziehung aufbauen, die wohlwollend und auf den Fortschritt des Schülers ausgerichtet ist. Leider ist das nicht immer so, und falls man nach einem Meister sucht, sollte man diesen und seine Schüler genau beobachten und entsprechende Informationen einholen, bevor man sich für ihn entscheidet.

Als Schüler eines Meisters darf man aber auch auf keinen Fall vergessen, dass man selbst für seine Handlungen verantwortlich ist und bei entsprechendem Fehlverhalten auch für den Dienst an seinem Meister gerichtlich bestraft werden kann. Bei Zweifeln an dem eigenen Guru, sollte man seinen Gehorsam verweigern und sich vor allem auch von Außenstehenden, mit Meditation vertrauten Personen, beraten lassen, Rechtsauskünfte einholen und wenn nötig den Guru und seine Schüler verlassen.

Einweihungen

Unter einer Einweihung versteht man den Vorgang, der jemandem einen spirituellen Weg öffnet. Ist der Weg mit Meditation verbunden, erlernt man auch die entsprechende Meditationstechnik.

Gurus (vornehmlich aus Indien) missionieren und viele von ihnen geben auch Initiationen (Einweihungen) in Meditationstechniken. Viele Gurus halten aber die von ihnen gelehrten Meditationstechniken der Öffentlichkeit gegenüber geheim, und der Eingeweihte darf diese Techniken nicht an andere weitergeben. Beispiele dafür sind die Transzendentale Meditation und Kriya Yoga. Einige argumentieren, dass dadurch die Reinheit der Technik geschützt würde und Nichteingeweihte vor möglichen Schäden durch falsch angewandte Meditationstechniken bewahrt werden würden. Andere sagen, die Techniken wirken nur, wenn man durch einen entsprechenden Meister eingeweiht wird. In diesem Bereich gibt es also Esoterik im engeren Sinne. Nur der Eingeweihte versteht es, die Meditationstechniken zu bewerten – so und ähnlich lauten die Aussagen mancher Gurus. Die Initiation durch einen Guru oder durch einen seiner fortgeschrittenen, zur Initiation autorisierten, Schüler kann für manche Menschen tatsächlich eine tiefe ergreifende Erfahrung sein: Meist eingekleidet in eine religiöse Zeremonie bekommt man genaue Anweisungen. Das Charisma des Gurus oder seine spirituelle Größe wird spürbar. Manche Gurus berühren dabei ihre Schüler, von denen viele die Erfahrung machen, an große Kraft oder Energie angeschlossen zu sein. Die Meditation, die anschließend in der Gruppe stattfindet, führt zu neuen, tiefen spirituellen Erfahrungen. Die Tiefe der Meditation, und das damit verbundene Wohlbefinden hält auch noch einige Zeit an.

Eine Initiation kann freilich auch ganz anders ablaufen: Nach langen, endlosen Vorträgen durch die bereits fortgeschrittenen Schüler des Meisters kommt es endlich dazu, dass man nach einer Zeremonie (der man auch nicht viel abgewinnen kann) schließlich eine Meditationstechnik erklärt bekommt, die einen auch nicht sonderlich beeindruckt. Da hat man ja wahrlich schon anderes erlebt. Frustriert bis verärgert verlässt man die Gruppe und versteht die anderen nicht, die verzückt dreinblickend, anscheinend in irgendeiner psychischen Ausnahmesituation, herumsitzen.

Wir können wohl davon ausgehen, dass im ersten Beispiel einer Erwartungshaltung entsprochen wurde, im zweiten Beispiel wurde sie enttäuscht. Dafür kann es viele Gründe geben: Der erste Guru war »besser«, oder der Schüler im ersten Beispiel war »reifer«, oder die eine Technik war »gut«, die andere »ungeeignet« usw. Der Kern beider Beispiele ist doch der, dass beide Male eine Meditationstechnik gelehrt wurde. Einmal entsprach sie den Vorstellungen des Schülers, beim zweiten Mal offensichtlich nicht.

Es ist vielleicht lehrreich zu relativieren: Nicht jeder Guru und nicht jede Technik passt zu jedem Schüler.

Die Bedeutung der Gruppe

Wir alle leben in diversen Gruppen, von der Berufsgruppe, den Kollegen, den alten Freunden, bis hin zu der Gruppe, in der wir meditieren, wenn wir das nicht ganz allein tun. Auch dann kann es nicht schaden, ab und zu mit anderen gemeinsam zu meditieren.

Die Gruppen von Eingeweihten, die ihrem Guru anhängen, sind möglicherweise nicht ganz ungefährlich, insbesondere wenn ein Guru-Kult betrieben wird. Wie Grom feststellt, kann eine religiöse Gruppe anregend oder beeinträchtigend sein. Unter Beeinträchtigung sind hier negative Auswirkungen, wie Entfremdung gegenüber Familie und Freunden, Rückzug von sozialen Aktivitäten, Verengung des Interessenhorizontes bis hin zu Verlust oder Aufgabe des Arbeitsplatzes, Überantwortung der finanziellen Ressourcen an die Gruppe oder den Guru etc., zusammengefasst.

Ein besonders erschreckendes Beispiel, veröffentlicht im Tagesanzeiger vom 10. März 1986, ist das folgende: Das Amtsgericht Starnberg bei München hatte eine junge Mutter wegen Kindesmisshandlung zu einer Gefängnisstrafe verurteilt. Die Mutter war Anhängerin des indischen Gurus Sant Takar Singh und hatte ihrem Säugling, angeblich gemäß der Lehre ihres Gurus, direkt nach der Geburt die Augen verbunden und das rechte Ohr mit einem Silikonstöpsel verstopft.

Diese »Zwangs-Meditation« sollte dazu führen, dass das Kind die innere Stimme Gottes und das innere Licht wahrnehmen lernen sollte. Angeblich dauerte es beinahe zweieinhalb Jahre, bis eine Hebamme zufällig bemerkte, was da vor sich ging.

Auf der anderen Seite können Gruppen natürlich auch anregend und hilfreich sein, wenn man den Eindruck gewinnt, dass die Leute authentisch, ehrlich und offen sind; wenn nicht jedes Mal der Guru oder seine Schriften zitiert werden, wenn man Fragen hat, wenn Kritik erlaubt und sachliche Kritik erwünscht ist, kurz – wenn es sich nicht um die »Anhängsel« eines Gurus und seines Kultes handelt, dann kann die Gruppe für die eigene spirituelle Entwicklung sehr wertvoll sein.

Allerdings gibt es auch so etwas wie »Gruppensucht«. Grom beschreibt in diesem Zusammenhang das »Love-Bombing«, das für manche Gruppenteilnehmer so attraktiv sein kann, dass die Gruppe zum Lebensinhalt wird. *Love-Bombing* meint, dass dem neuen Gruppenmitglied außerordentlich viel Aufmerksamkeit, freundliche Zuwendung und Wertschätzung entgegengebracht wird. Die Gruppe lobt jede Bemerkung, jedes Mitmachen, findet das neue Mitglied ganz besonders geeignet, anscheinend gibt es keine Konflikte, alle sind so wunderbar ... Diese Art der umfassenden Befriedigung von Zuwendung und Bestätigungswünschen kann bei manchen Menschen dazu führen, dass eine Abgrenzung gegenüber der Gruppe und dem Guru kaum noch als erstrebenswert betrachtet wird und die Regeln des Gurus und seiner Schüler für diese Zuwendung in Kauf genommen werden.

Wie sich die Anhänger eines Gurus benehmen, wie sie sich in geschlossenen Veranstaltungen verhalten, wie sie die Lehren ihres Gurus verbreiten und ob sie andere Gurus abwerten oder bekämpfen, ob es eine spezielle Hierarchie unter den SchülerInnen gibt: das alles gibt Einblicke, die bei der Wahl eines Gurus beachtet werden sollten.

Meditiationslehrer

Der buddhistische Meditationslehrer Amadeo Solé bringt es auf den Punkt, wenn er sagt, dass jeder, der Meditieren lernen möchte, einen Lehrer brauche, genau wie jeder andere, der irgendeine andere Disziplin erlernen wolle. Darauf aber solle sich die Rolle des Lehrers beschränken. Er sei schlicht jemand, der ein spezifisches Wissen und bestimmte Fähigkeiten erworben habe und jetzt gewillt ist, dies an andere weiterzugeben.

Aus dieser Sicht, der ich zustimmen möchte, ist der Meditationslehrer kein Guru, kein Vermittler zwischen Gott und Menschen, kein Wundertäter, keine göttliche Inkarnation, sondern einfach jemand, der andere meditieren lehrt, die Schüler anleitet, sie fördert und Irrtümer aufklärt. Damit grenzt sich der (westliche) Meditationslehrer von Gurus und spirituellen Meistern ab. Das Produkt, das er anbietet, ist überschaubar: Theorie und Praxis von Meditationsmethoden; keine Wunder, keine Übernahme des Karmas seiner Schüler, keine religiösen Lehren, keine Vergöttlichung des Lehrers, bestenfalls Anregungen und keine Versprechungen.

Bei der Auswahl eines Meditationslehrers sollte man also nicht weniger wählerisch vorgehen als bei der Auswahl eines anderen Profis, wie eines Arztes, eines Psychotherapeuten, eines Rechtsanwaltes usw.

Meditationskurse und Workshops

Meditationskurse und Meditationsworkshops werden sowohl im Rahmen von Religionsgemeinschaften als auch konfessionsfrei angeboten. In buddhistischen Zentren besteht meistens die Möglichkeit, buddhistische Meditationstechniken wie Vipassana-, Samatha-, Zen-Meditation oder tibetische Meditationsformen zu erlernen. In der Regel muss man nicht Buddhist sein, um daran teilnehmen zu können. Das Beten des Rosenkranzes kann man in der Regel in einer katholischen Pfarre erlernen oder dort entsprechende Informationen einholen. In Yoga- oder Meditationszentren gibt es meist ein Angebot an Meditationskursen. Schließlich gibt es durch entsprechende

Gurus eingerichtete Zentren, wo es in der Regel auch möglich ist, Einweihungen zu erhalten bzw. Meditationstechniken zu erlernen.

Die bisher beschriebenen Wege zur Meditation sind religiös bestimmt. Erfahrungsgemäß lernt man dort nicht nur eine Meditationstechnik, sondern wird zugleich mit religiösen Anschauungen und Vorschriften vertraut gemacht, die von den Gläubigen genauso wichtig, wenn nicht wichtiger erachtet werden als die Meditationspraxis selbst. So macht es wahrscheinlich wenig Sinn, den Rosenkranz zu beten, wenn man nicht Christ ist. Auch mit einigen Mantras, die aus dem Hinduismus oder Buddhismus stammen und sich auf entsprechende Gottheiten beziehen, wird beispielsweise ein gläubiger Christ Probleme haben können. Noch extremer kann es bei einem Guru sein, den man huldigen und verehren soll, damit die Meditationspraxis erfolgreich verläuft.

Anders ist das bei Meditationskursen oder Workshops, die keinen religiösen Hintergrund haben. Hier steht das Erlernen von Meditationstechniken im Vordergrund, es wird für keine Religion oder spirituelle Bewegung zusätzlich »mitmissioniert«. Ein Problem dabei kann allerdings sein, dass der Leiter bzw. Meditationslehrer zu unerfahren ist und/oder seine eigene Ideologie den Teilnehmern aufdrängt.

Als mündige Person müssen Sie aber keineswegs alles gut finden oder übernehmen, was Ihr Meditationslehrer, sei er nun Vertreter einer Religion oder auch nicht, Ihnen vermittelt. Gegen religiöse oder persönliche Meinungen Ihres Lehrers, denen Sie nicht zustimmen, ist eine Abgrenzung sicherlich sinnvoll.

Wenn Sie eine geeignete Meditationstechnik erlernt haben, dann wirkt diese auch, unabhängig von den Lehren und Vorschriften, in die sie eingebettet ist.

Von Vorteil mag es sein, wenn Sie in einem entsprechenden Kurs oder Workshop die Gelegenheit haben, mehrere Meditationstechniken erfahren zu können. Ein Beispiel dafür sind die von mir geleiteten Meditationseinführungskurse. In diesen Kursen haben die TeilnehmerInnen die Möglichkeit, unterschiedliche Meditationstechniken, wie die Atem-Mantra-Yantra- und Chakra-Meditation, kennen zu lernen.

Erfahrungsgemäß findet dann bald jeder Teilnehmer eine Meditationstechnik heraus, die ihm besonders liegt, und die in Folge vertieft werden kann. Wöchentlich stattfindende Meditationssitzungen haben gegenüber Workshops auch den Vorteil, dass während der Woche mit der erlernten Technik meditiert werden kann.

So konnte ich die Erfahrung machen, dass manche Personen mehr auf Mantra-Meditation ansprechen, andere hingegen am liebsten auf Chakren meditieren.

Ein einfaches Übungsprogramm

Allgemeine Voraussetzungen

Um regelmäßig zu meditieren, bedarf es einiger Voraussetzungen, damit das Üben von Meditationstechniken zu den gewünschten Erfolgen führt.

Zu Anfang der Meditationspraxis ist es günstig, sich an die folgenden Regeln zu halten:

- Die Meditationsübungen sollten in einem ruhigen Raum stattfinden.
- Während der Übungen sollte man ungestört bleiben.
- Wenn man zu nervös oder angespannt ist, ist es wichtig, sich vorher durch geeignete Methoden zu entspannen.
- Eine geeignete Meditationshaltung sollte eingenommen werden.
- Die Technik der Meditationsübung sollte beherrscht werden.
- Man sollte immer zur selben Zeit, am selben Ort und mit der selben Technik üben.
- Es ist förderlich, nicht nur allein, sondern gelegentlich auch mit anderen gemeinsam zu meditieren.
- Wenn man zu müde, zu satt, zu gestresst ist oder unter Drogeneinfluss steht, sollte man nicht meditieren.

In diesem Kapitel werde ich versuchen, Ihnen erste Erfahrungen mit unterschiedlichen Meditationstechniken zu vermitteln. Ich greife dabei auf einige Übungen zurück, die ich in meinen Meditationseinführungskursen den TeilnehmerInnen vorgebe. Im Kurs oder durch Privatstunden ist es natürlich leichter, Meditation zu erlernen, weil ich auf alle Fragen eingehen kann und Fehler leicht bemerke, weil ich nach jeder Übung von den TeilnehmerInnen einen Erlebnisbericht (Feedback) einhole und mich so überzeugen kann, dass die Übungen die erwarteten Resultate herbeiführen. Ist das nicht der Fall, dann kann ich die Technik etwas ändern oder eine andere Technik vorschlagen. Meistens führt das dann auch zum Erfolg. Entscheidend ist ja das Meditationserlebnis, nicht die Technik, diese ist ein wichtiges Werkzeug auf dem Weg zur Meditation, aber kein Selbstzweck.

Manchmal kommt es auch vor, dass, während wir im Kurs noch mit einem Mantra meditieren, bei einigen Teilnehmern schon Ton-, Licht- oder Energiewahrnehmungen stattfinden, die äußerst angenehm erlebt werden. Für diese Wahrnehmungen gibt es spezielle Techniken, die ich aber üblicherweise erst vorstelle, wenn mithilfe des Mantras bereits ein entspannter, angenehmer und wohltuender Zustand eingetreten ist.

Es macht für Sie also durchaus Sinn, sich an die Abfolge der Übungen zu halten, die ich Ihnen hier vorstelle. Sollten Sie aber zu den Menschen gehören, bei denen Licht-, Ton- oder Energiewahrnehmungen während der Atem- oder Mantra–Meditation auftreten, können Sie diese Wahrnehmungen gleich als neues Meditationsobjekt nützen und sich darauf oder auf die durch die Meditation hervorgerufenen angenehmen Gefühle konzentrieren. Kommt es hingegen zu unangenehmen Gefühlen, sollten sie die Meditation abbrechen. Sie können es an einem anderen Tag noch einmal versuchen.

Wenn Sie sich erneut unwohl fühlen, lassen Sie diese Technik bleiben; versuchen Sie eine andere. Sind Ihre Bemühungen weiterhin nicht erfolgreich, suchen Sie sich einen Lehrer.

Eine Voraussetzung für die Teilnahme an meinen Kursen ist, dass die TeilnehmerInnen mir mitteilen müssen, ob sie krank sind und ob sie sich in ärztlicher oder psychotherapeutischer Behandlung befinden. Im Allgemeinen muss das kein Hinderungsgrund sein, aber unter Einfluss von im Gehirn wirksamen Medikamenten, bei gewissen Herzerkrankungen oder Epilepsie, soll man verschiedene Übungen nicht machen. Im Zweifelsfalle fragen Sie bittte Ihren Arzt oder einen Meditationslehrer.

Was die nun folgenden Übungen anbetrifft, muss Ihnen klar sein, dass Sie diese Übungen auf ihre eigene Verantwortung praktizieren.

Meditation durch Konzentration auf die Atmung

Vorbereitung:

Versichern Sie sich, dass Sie die nächsten 15 Minuten ungestört bleiben, achten Sie auf moderate Wärme und ausreichende Luftfeuchtigkeit im Übungsraum. Sie sollten sich in dem Raum wohl fühlen, vielleicht lüften Sie vorher ausreichend. Sie selbst sollten nicht zu müde, nicht zu hungrig, nicht zu durstig oder sehr gestresst sein, aber auch nicht zu satt. Es ist besser, nach der Meditation zu essen als vorher. Vielleicht gehen Sie vorher auch noch auf die Toilette.

Bei Bedarf besorgen Sie sich einen leisen Küchenwecker, dessen Betriebsgeräusche Sie nicht stören sollen; das Wecksignal muss aber hörbar sein. Stellen Sie ihn auf 10 – 15 Minuten, bevor Sie mit der Übung beginnen.

Meditationshaltung:

Bevor Sie mit der Atmung beginnen, müssen Sie sich eine feste Körperhaltung suchen. Das heißt, dass Sie ca. 15 Minuten ruhig und möglichst unbewegt in dieser Sitzhaltung bleiben können. Sie können den Schneidersitz (siehe die folgende Abbildung) einnehmen und sich auf ein Polster setzen oder auch ganz normal auf einem Sessel sitzen. Wenn Sie auf einem Sessel sitzen, dann lehnen Sie sich bitte nicht an. Der Rücken sollte immer gerade gehalten werden.

Weitere Möglichkeiten sehen Sie in den folgenden Abbildungen:

Die erste Figur zeigt den Lotussitz, die zweite den Fersensitz, die dritte den halben Lotussitz. Ein Sitzpolster oder ein Meditationsschemel beim Fersensitz erleichtern die Körperhaltung.

Wenn Sie ihre Meditationshaltung gefunden haben, nehmen Sie diese ein und schließen dann die Augen.

Ab jetzt sollten Sie sich nicht mehr bewegen, bis der Wecker läutet, es sei denn, Sie müssen einer akuten Gefahr begegnen.

Beobachten Sie jetzt ganz genau Ihre Atmung:

Der Atem strömt in Sie ein und strömt wieder aus Ihnen aus.

Ihre ganze Konzentration ist bei der Atmung ...

Der Atem strömt in Sie ein – und strömt wieder aus Ihnen aus.

Besonders zu Anfang Ihres Übens ist es möglich, dass plötzliche Gedanken oder unangenehme Körperwahrnehmungen auftreten, die Ihre Konzentration stören. Scheinbar spontan wendet sich Ihre Aufmerksamkeit diesen Ablenkungen zu. Das kommt immer wieder vor. Sie sollten dann darauf achten, nach der Ablenkung Ihre ganze Aufmerksamkeit wieder der Atmung zuzuwenden:

Der Atem strömt in Sie ein – und strömt wieder aus Ihnen aus.

Der Atem strömt in Sie ein – und strömt wieder aus Ihnen aus.

Der Atem strömt in Sie ein – und strömt wieder aus Ihnen aus.

Der Atem strömt in Sie ein – und strömt wieder aus Ihnen aus.

Der Atem strömt in Sie ein – und strömt wieder aus Ihnen aus.

usw.

Irgendwann läutet der Wecker!

Die 1. Übung ist beendet.

Öffnen Sie nun bitte wieder die Augen!

Bleiben Sie noch eine Weile sitzen.

Achten Sie darauf, wie Sie sich fühlen.

Ruhig? Entspannt? Schwer? Warm? Voll Energie? Oder haben Sie irgendein anderes angenehmes Gefühl gespürt? Hat sich Ihr Bewusstsein wahrnehmbar verändert?

Wenn sie sich wohl fühlen, dann war die Übung für Sie in Ordnung.

Gab es Ablenkungen? Wurden störende Gedanken oder unangenehme Körperwahrnehmungen im Laufe der Meditation weniger? Haben Sie den Eindruck, dass irgendwann keine störenden Gedanken mehr da waren? Im Idealfall fühlen Sie sich jetzt entspannter, energiegeladener, wacher, ruhiger, harmonischer usw.

Wenn Sie nicht ganz mit dem Resultat zufrieden sind, versuchen Sie es mindestens noch an zwei aufeinander folgenden Tagen. Ihre Ergebnisse sollten besser werden. Sie können diese (und auch die folgenden Übungen) durchaus zweimal täglich machen, wenn es Ihnen gefällt und Sie positive Auswirkungen erleben. Besonders sinnvoll ist es, die Meditation nach Ende der Arbeit, bzw. vor Beginn des Privatlebens zu machen. Damit können Sie gestauten (Arbeits-)Stress reduzieren oder ganz abbauen und nehmen ihn nicht in Ihr Privatleben mit.

Wenn Ihnen die Atemmeditation gut getan hat, machen Sie sie ein paar Tage lang regelmäßig, und versuchen Sie dann die 2. Übung, die Mantra-Meditation.

Mantra-Meditation

Bei der folgenden Meditation gelten alle vorbereitenden Maßnahmen der ersten Übung: die Vorbereitung, die Meditationshaltung und die Konzentration auf die Atmung. Neu dazu kommt jetzt die Verwendung eines Mantras.

Für die Übung verwenden wir zweisilbige Mantras: Eine Silbe soll beim Einatmen gesprochen und später gedacht werden, die andere beim Ausatmen.

In meinen Kursen folge ich dem Beispiel von Patricia Carrington. Ich schlage einige Mantras vor, aus denen sich die TeilnehmerInnen ein zu ihnen passendes auswählen können, mache sie aber auch darauf aufmerksam, dass sie ein beliebiges zweisilbiges Wort verwenden können. In diesem Fall ist es aber sinnvoll, wenn dieses Wort nicht zu alltäglich ist.

Hier nun einige Mantras: *SO-HAM, HAM-SO, HAM-SA, AH-NAM, NAM-AH, SHI-RIM, SWA-HA, BHA-TE, RI-SHI, NA-MO, SO-HONG, HONG-SO.* Eine meiner Teilnehmerinnen benutzte erfolgreich *YO-GA,* eine andere *SCHAN-GO* und einer meiner Teilnehmer *RAHM-AH.*

Nachdem Sie nun Ihr Mantra gewählt haben, und die Vorbereitungen abgeschlossen sind, nehmen Sie ihre Meditationshaltung ein und schließen Sie dann bitte die Augen.

– Bei jeder Einatmung sprechen, später denken Sie die erste Silbe Ihres Mantras.

– Bei jeder Ausatmung sprechen, später denken Sie die zweite Silbe Ihres Mantras.

– Bei jeder Einatmung sprechen, später denken Sie die erste Silbe Ihres Mantras.

– Bei jeder Ausatmung sprechen, später denken Sie die zweite Silbe Ihres Mantras.

– Bei jeder Einatmung sprechen, später denken Sie die erste Silbe Ihres Mantras, usw.

Werden Sie dabei abgelenkt, dann gehen Sie wieder zur Atmung und zum Mantra zurück.

Irgendwann läutet der Wecker, die Übung ist beendet!
Öffnen Sie nun bitte wieder die Augen!
Bleiben Sie noch eine Weile sitzen.
Achten Sie darauf, wie Sie sich fühlen.
Gab es Ablenkungen?

Bei meinen Kursen ist es in der Regel so, dass ein veränderter Bewusstseinszustand erlebt wird, wenn die 2. Übung geübt wurde, nachdem (mindestens dreimal) die 1. Übung gemacht wurde.
Sie können sich zusätzlich auch vorstellen, dass der Atem durch den Kopf in Sie eintritt, die Wirbelsäule entlang nach unten fließt und dann wieder die Wirbelsäule hinauf und durch den Kopf wieder austritt.
Mein Vorschlag ist, dass Sie wieder an drei Tagen mit dem Mantra meditieren, bevor sie die nächste Übung durchführen.

Yantra-Meditation

Ein Yantra ist eine optische Gestalt, die als Meditationsobjekt genutzt werden kann. Die folgende Yantra–Meditation ist bei meinen KursteilnehmerInnen sehr beliebt und wurde 1995 durch meine Veröffentlichung in der Zeitschrift »Tantra« einem größeren Publikum zugänglich.
Die Voraussetzungen, die Meditationshaltung und das Mantra bleiben gleich. Der Unterschied besteht darin, dass Sie die Au-

gen offen halten und sich ganz gemäß der folgenden Anleitung
auf das Yantra konzentrieren.

Sie können sich das Yantra selbst anfertigen (Größe DIN A4):
Das Yantra besteht aus einem mit der Spitze nach oben gerich-
teten schwarzen Pentagramm, auf einem dunkelgelben Kreis
mit weißem Hintergrund, siehe die folgende Abbildung:

Instruktionen:

Nachdem Sie entsprechend Übung 2 die Meditationshaltung
eingenommen haben und mithilfe Ihres Mantras meditieren,
nehmen Sie das Yantra in die Hand und konzentrieren sich auf
die Mitte des Bildes. Das Yantra muss gut beleuchtet sein. Bei
Dunkelheit stellen Sie eine Lampe auf, tagsüber setzen Sie sich
mit dem Rücken zum Fenster. Sie können das Yantra auch an
der Wand befestigen. Der Blickabstand sollte ca. 20 cm sein.

Blicken Sie solange auf das Yantra, bis Ihre Augen müde werden. Wenn es Ihnen möglich ist, konzentrieren Sie sich auch
auf die Atmung und Ihr Mantra. Schließen Sie dann ihre Augen – nach kurzer Zeit erscheint vor Ihrem inneren Auge ein
weißer bzw. heller Stern (Nachbildphänomen). Konzentrieren
Sie sich solange auf den hellen Stern, bis dieser wieder ver-
blasst.

Dann beginnen Sie wieder von vorne.

Wenn der Wecker läutet ist die Übung beendet!

Bleiben Sie noch eine Weile sitzen.

Achten Sie darauf, wie Sie sich fühlen.

Gab es Ablenkungen?

Wenn Sie den hellen Stern nicht oder nur sehr schwach sehen konnten, liegt es meist daran, dass das Yantra zu wenig beleuchtet oder die Blickentfernung zu weit war. Experimentieren Sie mit beiden und versuchen Sie es dann noch einmal.

Oftmals kommt es während dieser Meditation zu einer Druckempfindung im Stirnbereich. Nach den Lehren des Tantra und des Yoga spüren Sie Ihr Ajna-Chakra bzw. das Dritte Auge.

Ist diese Empfindung angenehm, dann konzentrieren Sie sich darauf, ebenso wenn Sie innere Töne hören, oder ein inneres Licht sehen. Lassen diese Phänomene nach, gehen Sie wieder zum Mantra, Yantra oder zur Atmung zurück, bis der Wecker läutet.

Diese Yantra-Meditation können Sie, wenn es Ihnen gefällt und Sie positive Auswirkungen bemerken, einmal täglich anstelle einer Mantra-Meditation durchführen.

Meditation auf das OM

Die Meditation auf das OM, wie ich sie in meinen Kursen vorgebe, wird folgendermaßen praktiziert: Wie immer haben Sie die Vorbereitungen erledigt und befinden sich in der Meditationshaltung; die Augen sind geschlossen. Sie stellen sich nun vor, dass Energie, Kraft, Harmonie, Liebe oder was sie sonst gerade benötigen (auf keinen Fall ein materielles Gut und auch nichts Psychisches, das jemandem schaden könnte, wie Hass oder Wut) mit der Einatmung durch den Kopf die Wirbelsäule entlang nach unten fließt. Am Ende der Wirbelsäule halten Sie kurz die Atmung an.

Beim Ausatmen stellen Sie sich vor, wie die Energie die Wirbelsäule entlang nach oben in Ihr Gehirn strömt. Gleichzeitig lassen sie die Silbe OM ertönen (ein langes OOO, gefolgt von einem MMM). Wenn Sie es richtig machen, dann spüren Sie, dass das MMM in Ihrem Kopf Vibrationen erzeugt.

Machen Sie diese Übung ca. sieben- bis zehnmal hintereinander. Entscheidend ist, dass Sie das MMM im Kopf spüren können.

Danach konzentrieren Sie sich auf die Vibrationen im Kopf. Es kann sein, dass Sie ein inneres Licht sehen oder innere Töne

hören. In diesem Fall können Sie sich wieder darauf konzentrieren. Wenn diese Phänomene wieder verblassen, gehen Sie zu Ihrem Mantra zurück und meditieren darauf.
Wenn der Wecker läutet, ist die Übung beendet!
Bleiben Sie noch eine Weile sitzen.
Achten Sie darauf, wie Sie sich fühlen.
Gab es Ablenkungen?
Nach yogischen und tantrischen Lehren aktiviert diese Übung ihre Gehirnchakren, insbesondere wenn Sie die Vibrationen im Kopf spüren können.
Gefällt Ihnen die Übung und bemerken Sie positive Auswirkungen, können Sie sie zweimal täglich praktizieren.

Meditation auf innere Töne

Anfangs ist die Abfolge genau die gleiche wie bei der OM Meditation: Wie immer haben Sie die Vorbereitungen erledigt und sind in der Meditationshaltung; die Augen sind geschlossen. Sie stellen sich nun vor, dass Energie mit der Einatmung durch den Kopf die Wirbelsäule entlang nach unten fließt. Am Ende der Wirbelsäule halten Sie kurz die Atmung an.
Beim Ausatmen stellen Sie sich vor, wie die Energie die Wirbelsäule entlang nach oben in Ihr Gehirn strömt. Gleichzeitig lassen Sie die Silbe OM ertönen (ein langes OOO, gefolgt von einen MMM). Wenn Sie es richtig machen, spüren Sie, dass das MMM in Ihrem Kopf Vibrationen erzeugt.
Machen Sie diese Übung ca. sieben- bis zehnmal hintereinander. Entscheidend ist, dass Sie das MMM im Kopf spüren können. Jetzt atmen Sie wie bei der Mantra-Meditation, konzentrieren sich aber auf das Innere Ihrer Ohren.
Wenn es Ihnen gelingt, Töne zu hören, konzentrieren Sie sich immer auf den höchsten Ton. Wenn dies nicht gelingt, oder wenn die Töne wieder verschwinden, fahren Sie mit der Mantra-Meditation fort.
Wenn der Wecker läutet, ist die Übung beendet!
Bleiben Sie noch eine Weile sitzen.
Achten Sie darauf, wie Sie sich fühlen.
Gab es Ablenkungen?

Dies ist eine Meditationsübung, die anfangs meist noch nicht wirklich gut gelingt. Üben Sie sie mindestens an drei Tagen. Wenn Sie dann mit dem Resultat unzufrieden sind, versuchen Sie die Übung erneut.

Meditation auf inneres Licht

Auch diese Meditation folgt anfangs genau der OM-Meditation: Wie immer haben Sie die Vorbereitungen erledigt und befinden sich in der Meditationshaltung; die Augen sind geschlossen.

Sie stellen sich nun vor, dass Energie mit der Einatmung durch den Kopf die Wirbelsäule entlang nach unten fließt. Am Ende der Wirbelsäule halten Sie kurz die Atmung an.

Beim Ausatmen stellen Sie sich vor, wie die Energie die Wirbelsäule entlang nach oben in Ihr Gehirn strömt. Gleichzeitig lassen Sie die Silbe OM ertönen (ein langes OOO, gefolgt von einen MMM). Wenn Sie es richtig machen, dann spüren Sie, dass das MMM in Ihrem Kopf Vibrationen erzeugt.

Machen Sie diese Übung ca. sieben- bis zehnmal hintereinander. Entscheidend ist, dass Sie das MMM im Kopf spüren können.

Heben Sie jetzt die Augenbrauen an und versuchen Sie, die Augen auf Ihre Nase oder auf Ihr Drittes Auge auszurichten. Die Augen bleiben dabei aber geschlossen!

Wenn irgendwelche Lichterscheinungen auftauchen, konzentrieren Sie sich bitte immer auf das hellste Licht. Wenn Sie keine Farben sehen bzw. die Phänomene wieder verblassen, gehen Sie zu Ihrem Mantra zurück und meditieren Sie darauf.

Wenn der Wecker läutet, ist die Übung beendet!

Bleiben Sie noch eine Weile sitzen.

Achten Sie darauf, wie Sie sich fühlen.

Gab es Ablenkungen?

Auch für diese Meditationsübung gilt, dass sie am Anfang meist noch nicht wirklich gut gelingt. Üben Sie sie mindestens an drei Tagen, wenn Sie dann mit dem Resultat unzufrieden sind, versuchen Sie die Übung erneut.

Achtsamkeitsmeditation

Ziel dieser Meditation ist, im entspannten Zustand die eigenen Gedanken zu beobachten und kennen zu lernen. Aus dieser regelmäßigen Beobachtung der eigenen Gedanken lernen wir unsere positiven und negativen Gedanken, die unsere Emotionen und unser Verhalten weitgehend steuern, genau kennen.

Nach längerer Praxis der Beobachtung unserer Denkabläufe sind wir eher in der Lage, negative Gedanken wahrzunehmen, ohne sie in unser Verhalten einfließen zu lassen.

Störende Gedanken, die mit Angststörungen, Depressionen, Pessimismus oder falscher Realitätseinschätzung einhergehen, können identifiziert und an der Realität überprüft werden. Das Denken selbst wird im Laufe der Zeit bewusster und klarer, automatische Denkprozesse (konditioniertes Denken) und daraus resultierende Emotionen und das Verhalten können geändert werden.

Bei dieser Meditation soll kein tiefer – gedankenfreier – Meditationszustand erreicht werden, sondern eine ausschließlich auf die Betrachtung der Gedanken ausgerichtete Konzentration. Wie immer haben Sie die Vorbereitungen erledigt und befinden sich in der Meditationshaltung; die Augen sind geschlossen. Beginnen Sie mit der Konzentration auf die Atmung oder auf das Mantra.

Wenn Sie merken, dass der Körper und die Atmung entspannt sind, bleiben Sie in diesem Zustand, konzentrieren sich aber nicht mehr auf die Atmung oder das Mantra, sondern beobachten Sie Ihre Gedanken.

Was sonst eher unerwünscht ist, die Störung der Konzentration durch abschweifende Gedanken, ist jetzt das Ziel.

Wenn der Wecker läutet, ist die Übung beendet!

Bleiben Sie noch eine Weile sitzen.

Achten Sie darauf, wie Sie sich fühlen.

Welche Gedanken gingen Ihnen durch den Kopf? Gedanken, die Ihnen unangenehm waren? Wie haben Sie auf die beobachteten Gedanken reagiert?

Diese Nachbearbeitung ist ein wesentlicher Bestandteil bei dieser Meditation. Hier können Sie viel über Ihre Denkprozesse lernen.

Für den Fall, dass diese Meditation Sie beunruhigt, oder die Gedanken, die Sie beobachtet haben, Ihnen merkwürdig, eigenartig oder ängstigend erscheinen, und sich dieser Eindruck bei regelmäßiger Übung nicht ändert, mag es sinnvoll sein, diese Übung nicht weiter zu praktizieren. Sie können sich aber auch an einen Psychotherapeuten oder Psychologen wenden, der mit Ihnen die Inhalte ihrer Gedanken bespricht. In diesem Fall wäre es wünschenswert, wenn er selbst Meditationserfahrung mit Achtsamkeitsmeditation besitzt.

Ein Meditationszyklus

Haben Sie alle Übungen versucht und regelmäßig geübt, dann möchte ich Ihnen vorschlagen, weiterhin zweimal täglich zu meditieren.

Sie können auf das Mantra meditieren oder die OM-Meditation machen und dann abwechselnd die Yantra-, Licht- oder Ton-Meditation bzw. auch die Achtsamkeitsmeditation praktizieren. In meinen Kursen und in Privatstunden lehre ich noch andere Meditationstechniken, insbesondere eine vertiefte Chakrenmeditation. Um diese Techniken richtig zu erlernen, bedarf es im Allgemeinen aber eines Lehrers. Deshalb habe ich sie in diesem Buch nicht beschrieben.

Für den Anfang sind die beschriebenen Übungen aber schon mehr als ausreichend.

Ich wüsche Ihnen bei Ihrer Meditationspraxis viel Erfolg!

Häufig gestellte Fragen

– *Muss ich meine Religion ändern, wenn ich meditieren lernen will?*
Nein! Meditation ist zwar in Religionen üblich, kann aber auch völlig unabhängig von Glaubensbekenntnissen praktiziert werden.

– *Hilft mir Meditation, um meinen Alltagsstress zu bewältigen?*

In jedem Fall, allerdings ist es empfehlenswert, regelmäßig zu meditieren und hier eine entsprechende Disziplin zu erwerben.

– *Muss ich asketisch leben, um tiefe Meditationserfahrungen zu machen?*

Nein! Im Allgemeinen ist Meditationserfahrung unabhängig von asketischer oder nichtasketischer Lebensweise. Sie ist weitgehend vom täglichen Meditieren abhängig.

– *Ist Meditation gefährlich, kann sie mich »verrückt« machen?*

Korrekt ausgeführte Meditationspraxis, die von einem Meditationslehrer erlernt wurde, wirkt sich im Allgemeinen positiv auf den Meditierenden aus.

Dennoch kann es, wie bei anderen Aktivitäten auch, bei manchen Menschen zu einer psychischen Krise mit unangenehmen Folgen kommen. Man geht davon aus, dass in diesen seltenen Fällen der Meditation eine Auslösefunktion zukommt, ähnlich wie bei Schlafentzug oder unangenehmen Extremsituationen.

– *Brauche ich einen Guru, um erfolgreich zu meditieren?*

Nein! Einfache Meditationstechniken kann man selber lernen, für komplizierte Techniken ist ein Meditationslehrer allerdings sinnvoll. Gurus, Lamas oder Zen-Meister lehren meist keine isolierte Meditationstechnik, sondern vertreten auch eine Glaubens– oder Religionsgemeinschaft. Die Wirkung von Meditation ist aber im Wesentlichen unabhängig von Glaubenssystemen oder Riten. Dennoch kann ein Guru beim Erlernen von Meditationstechniken sehr hilfreich sein.

– *Ist es besser, allein oder in der Gruppe zu meditieren?*

Man sollte anfangs alleine und nach einiger Zeit eigentlich überall meditieren können.

Die Meditation gemeinsam mit anderen ist sinnvoll, man sollte aber nicht darauf fixiert sein. Manchmal ist die Meditation in der Gruppe intensiver, manchmal die Meditation gemeinsam mit seinem Partner, manchmal die Meditation alleine.

- *Ist eine bestimmte Ernährungsform sinnvoller als eine andere, um erfolgreich zu meditieren?*

Manche Gurus und Lehrer empfehlen eine vegetarische Ernährung, diese ist aber nicht unbedingt notwendig. Es gibt, soweit ich es überblicke, hier kein gesichertes Wissen.

- *Mein Partner und ich meditieren gemeinsam. Können wir die Meditation mit unserem Sexualleben verbinden?*

Selbstverständlich. Wie das funktioniert, lehrt uns das Tantra. Im Tantra wird Meditation mit Sexualität verbunden. Vor, während und nach sexuellen Kontakten kann gemeinsam meditiert werden.

Im Tantra wird dazu oft die »Yab-Yum«- Stellung angewandt, bei der die Partnerin auf dem Partner sitzt. So kommt es auch zum gegenseitigen Kontakt mit dem Herzen und dem Gesicht. Tantra kann die eigene Sexualität, die Partnerschaft und die Meditationserfahrung steigern oder verbessern.

- *Wenn ich intensiv Musik höre, meditiere ich dann nicht auch?*

Möglicherweise, allerdings soll Meditation auch ohne äußerliche Hilfsmittel praktiziert werden. Die Musik bzw. den Tonträger und das Musikgerät hat man nicht immer bei sich, und man könnte sich so davon »abhängig machen«.

- *Muss ich den Anweisungen meines Gurus/Lehrers in allen Punkten folgen?*

Keineswegs! Wenn Sie eine Meditationstechnik erlernen, heißt das nicht, eine Ideologie oder ein Glaubenssystem zu übernehmen oder ihren Guru/Lehrer als »göttliches, unfehlbares Wesen«, und alle seine Aussagen als unfehlbar zu betrachten, und seine »Gebote« erfüllen zu müssen. Ganz im Gegenteil! Solche Gurus/Lehrer schüren meine Zweifel an ihrer Person.

- *Hilft Meditation Menschen, die unter Angst leiden?*

Meditation im Zusammenspiel mit Psychotherapie ist sicher ein erfolgreicher Weg, weniger unter Angst zu leiden. Bei Angststörungen ist eine entsprechende psychotherapeutische und ärztliche Diagnostik sinnvoll, um die Art und das Ausmaß der

Angststörung festzustellen, sowie im Anschluss daran, eine
sinnvolle Therapie zu empfehlen.

– *Ist eine bestimmte Meditationstechnik sinnvoller als eine andere?*
Wahrscheinlich sind Meditationstechniken in ihrer allgemeinen
Wirkung ziemlich gleichwertig. Allerdings ist es möglich, dass
eine Technik für Sie besser ist, als eine andere. Das müssen Sie
selbst herausfinden bzw. mit einem Lehrer besprechen. Leute,
die behaupten, dass »eine Technik die beste für alle ist«, haben
entweder zu wenig Erfahrung und/oder bevorzugen die von ihnen selbst praktizierte Methode. In jedem Fall ist eine Technik
zu empfehlen, die unabhängig von Hilfsmitteln praktiziert werden kann, das heißt, die Meditationsobjekte sind »innere Objekte« (Atem, Chakras, Mantras, Yantras, Mandalas).

– *Ist es besser, abends oder morgens zu meditieren?*
Wenn man sich genügend Zeit nehmen kann, ist es sinnvoll,
zweimal täglich 15 bis 20 Minuten zu meditieren oder auch länger. Wenn man einmal täglich meditiert muss man selbst herausfinden, welcher Zeitraum passend ist. Um Stress abzubauen,
ist es sinnvoll, nach der Arbeit, vor Beginn des Privatlebens, zu
meditieren.

Weiterführende Literatur

Ajit, Mookerjee, Khanna, Madhu: Die Welt des Tantra. Die umfassende Darstellung des wahren Tantra-Weges und seiner Praktiken. Weinheim 1987.

Anagarika Govinda, Lama: Grundlagen der tibetischen Mystik. Nach den esoterischen Lehren des großen Mantras OM MANI PADME HUM. Frankfurt 1975.

Ananand, B. K., Cchina, G. S. u. a.: Some aspects of Electroencephalographic Studies on Yogis. Journal of Electroencephalography and Clinical Neurophysiologie 13. 1961.

Aron, Arthur, Aron, Elaine N.: Der Maharischi Effekt. München 1991.

Bachhofer, Joss: Milarepa. Meister der verrückten Weisheit. Die wilden Lehren des außergewöhnlichen Yogi aus Tibet. Aitrang. o.J.

Beck, Aron T.: Wahrnehmung und Wirklichkeit der Neurose. München 1976.

Beck, Aron T., Rush, u.a.: Kognitive Therapie der Depression. Wien, München, Baltimore 1981.

Benson, Herbert: The Relaxation Response. New York 1975.

Benson, Herbert: Die Geschichte der Mantra–Meditation. In: White, J.: Alles über Transzendentale Meditation. Die neue Lehre des Maharishi Mahesh Yogi. München 1976.

Benson, H., Wallace, R. K.: Decreased Blood Pressure in Hypertensive Subjects who practised Meditation. Circulation 45, 46, Suppl. 2. 1972.

Benson, H., Klemschuk, A. B., u.a.: The Usefulness of the Relaxation Response in the Therapie of Headache. Headache 14, 49–53. 1974.

Benson, H., Maleva, B. P., u.a.: Physological Correlates of Meditation and their Clinical Effects in Headache. An Ongoing Investigation. Headache 14/1, 23-24. 1973.

Beta, Katharina: Die russische Seele. Vom Denken, Fühlen und Beten des russisch-orthodoxen Christen. Wien 1988.

Blofeld, John: Der Weg zur Macht. Praktische Einführung in Mystik und Meditation des tantrischen Buddhismus. Ulm 1970.

Blofeld, John: Das Geheime und das Erhabene. Mysterien und Magie des Taoismus. München 1985.

Blofeld, John: Der Taoismus oder Die Suche nach Unsterblichkeit. Köln 1986.

Bloomfeld, H. H., Cain, M., u.a.: Was ist transzendentale Meditation? In: White, J.: Alles über Transzendentale Meditation. Die neue Lehre des Maharishi Mahesh Yogi. München 1976.

Boudraou, Leon: Transcendental Meditation and Yoga as Reciprocal Inhibition. Journal of Behavior Therapy and Experimerntal Psychiatry 3. 1972.

Carrington, Patricia: Das große Buch der Meditation. Weinheim 1996.

Chalmers, R. A., Clements, G., u.a.: Scientific research on Maharishi's Transcendental Meditation and TM-Sidhi program: Collected papers, Vol. 2, Vol. 3, Vol. 4. Vlodrop 1989.

Dalai Lama: Das Buch der Freiheit. Die Autobiographie des Friedensnobelpreisträgers. Bergisch Gladbach 1990.

Das, N. N. und Gastout, H.: Variationes de l'Activité Electrique du Cerveau du Coeur et des Muscles Squelettiques au Cors de la Méditation et de l'Extase Yogique. EEG Supplement 6, 211-219. 1955.

Dünnebier, J.: Der Weg eines Pilgers. Augsburg 1994.

Douglas, Nike und Slinger, Penny: Das große Buch des Tantra. Sexuelle Geheimnisse und die Alchemie der Ekstase. Basel 1996.

Dürckheim, Karlfried Graf von: Zen und Wir. Hamburg 1972.

Dürckheim, Karlfried Graf von: Meditieren – wozu und wie? Freiburg, Basel, Wien 1993.

Ebert, Dietrich: Physiologische Aspekte des Yoga und der Meditation. Stuttgart 1986.

Eliade, Mircea: Yoga. Unsterblichkeit und Freiheit. Frankfurt 1985.

Endres, Günther (Hg.): Die sieben Meister des wunderbaren Tao. Taoistische Geschichten aus der Schule der vollkommenen Verwirklichung. Bern, München, Wien 1990.

Enomiya-Lassalle, Hugo M.: Kraft aus dem Schweigen. Freiburg, Basel, Wien 1977.

Enomiya-Lassalle, Hugo M.: Zen und christliche Spiritualität. München 1987.

Evans-Wentz, Walter Y.: Milarepa. Tibets großer Yogi. Weinheim 1978.

Evans-Wentz, Walter Y.: Der geheime Pfad der großen Befreiung. Weinheim 1978.

Evans-Wentz, Walter Y.: Geheimlehren aus Tibet. Yoga und der Pfad des Mahayana Buddhismus. München 1997.

Evans-Wentz, Walter Y.: Das tibetanische Totenbuch oder Die Nachtoderfahrung auf der Bardo-Stufe. Olten und Freiburg im Breisgau 1971.

Garrison, Omar: Tantra: The Yoga of Sex. New York 1977.

Guenther, Herbert V.: Tantra als Lebensanschauung. Herrsching 1992.

Grof, Stanislav und Christina: Spirituelle Krisen. Chancen der Selbstfindung. München 1990.

Grom, Bernhard: Religionspsychologie. München 1992.

Goleman, Daniel: Buddhas Lehre von der Meditation und den Bewusstseinszuständen. In: Tart, Charles T.: (Hg.): Transpersonale Psychologie. Olten und Freiburg im Breisgau 1978.

Gottwald, Franz, T. und Howald, Wolfgang: Selbsthilfe durch Meditation. Gesundheit und Persönlichkeitsentwicklung durch Tiefenentspannung. München 1995.

Hariharananda, Paramahansa: Kriya Yoga. München 2000.

Honsberger, R. und Wilson, A. F.: Transcendental Meditation. In: Treating Asthma. Respiratory Therapy. In: The Journal of Inhalation Technology 3. 1973.

Kasamatsu, A. und Hirai, T.: An Elecroencephalographic Study on the Zen-Meditation (Zazen). Folia Psychiat. Neurol. Jap. 20, 315. 1966.

Klinkhammer, Karl J.: Ein wunderbares Beten. Leutesdorf 1981.

Kniffki, Christa: Transzendentale Meditation und Autogenes Training. München 1979.

Kramer, Joel und Alstad, Diana: Die Guru Papers. Masken der Macht. Frankfurt 1995.

Lu Kuan, Yü: Geheimnisse der chinesischen Meditation. Selbstgestaltung durch Bewusstseinskontrolle nach den Lehren des Chan, des Mahayana und der taoistischen Schulen in China. Freiburg im Breisgau 1984.

Lysebeth van, André: Tantra für Menschen von heute. München 1990.

Mac Callum, M.: The Transcendental Meditation program and Creativity. In: Orme-Johnson and Farrow, J. T. (Hg.): Scientific research on the Transcendental Meditation Program. Collected Paper, Vol. 1. Reinweiler 1977.

Nasledinkov, Margo Ananand: Tantra oder die Kunst der sexuellen Extase. München 1990.

Miskiman, D. E.: The Treatment of insomia by the Transcendental Meditation Program. In: Orme-Johnson and Farrow, J. T. (Hg.): Scientific research on the Transcendental Meditation Program. Collected Paper, Vol. 1. Reinweiler 1977.

Murphy, Michael: Der Quantenmensch. Ein Blick in die Entfaltung des menschlichen Potentials im 21. Jahrhundert. Wessobrunn 1994.

Naranjo, Claudio und Ornstein, Robert E.: Psychologie der Meditation. Hamburg 1980.

Nitschke, Günther: The Silent Orgasm. Liebe als Sprungbrett zur Selbsterkenntnis. Köln 1995.

Orme-Johnson, D. W.: Medical care utilization and the Transcendental Meditation Program. Psychosomatic Medicine 49, 493-507. 1987.

Orme-Johnson, D. W. und Farrow, J. T. (Hg.): Scientific research on the Transcendental Meditation Program. Collected Papers, Vol. 1. Reinweiler 1977.

Overbeck, K.-D.: Die Auswirkung der Technik der Transzendentalen Meditation auf die psychische und psychosomatische Gesundheit. Zeitschrift für medizinische Psychotherapie und Psychologie 33/6. 1982.

Osho: Meditation – Die erste und letzte Freiheit. Zürich 1991.

Pohler, Gerald: Entspannung und Stressabbau. Wien 1989.

Pohler, Gerald: Krebs und seelischer Konflikt. Psychosoziale Krebsforschung. Frankfurt 1989.

Pohler, Gerald: Yantra-Meditation. Tantra. Nr. 8. Zürich 1995.

Pohler, Gerald: Verhaltenstherapie. In: Sonneck, Günther (Hg.): Einführung in die Psychotherapie. Wien 1996.

Pohler, Gerald und Pohler-Wagner, Lucia: Atemzentrierte Verhaltenstherapie. Der Neue Ansatz für Therapie und Selbsterfahrung. Dormund 1990.

Pohler, Gerald, Bilek, H. P. und Merkinger, E.: Zur Bewertung des Simonton Trainings in der ambulanten Behandlung von Krebskranken. Hypnose und Kognition. Band 8. Heft 2. Oktober 1991.

Rolland, Romain: Das Leben des Ramakrhishna. Oberwil 1986, Weineim 1973.

Rolland, Romain: Vivekananda. Zürich 1966.

Schachinger, Wolfgang und Schrott, Ernst: Gesundheit aus dem Selbst: Transzendentale Meditation. Bielefeld 1999.

Simonton, Carl O., Simonton, St. und Creighton, J.: Wieder gesund werden. Eine Anleitung zur Aktivierung der Selbstheilungskräfte für Krebskranke und ihre Angehörigen. Reinbeck 1985.

Solé-Leris, Amadeo: Die Meditation, die der Buddha selber lehrte. Freiburg, Basel, Wien 1994.

Sonneck, Gernot (Hg.): Einführung in die Psychotherapie. Wien 1996.

Stürmer, Ernst: Paradies Rishikesh. Die Hochburg der Gurus – einst und jetzt. Salzburg 1980.

Suinn, Richard M.: Übungsbuch für Mentales Training. In sieben Schritten zur sportlichen Höchstleistung. Bern 1989.

Saraswati, Sunyata und Avinasha, Bodhi: Juwel im Lotus. Tantrischer Kriya Yoga. Freiburg 1991.

Syer, John und Connolly, Christopher: Psychotraining für Sportler. Reinbeck 1993.

Tart, Charles T. (Hg.): Transpersonale Psychologie. Olten und Freiburg im Breisgau 1978.

Vivekananda, Swami: Raja Yoga. Mit den Yoga-Aphorismen des Patanjali. Freiburg 1937.

Vishnudevananda, Swami: Das große illustrierte Yoga-Buch. Freiburg im Breisgau 1975.

Vishnudevananda, Swami: Meditation und Mantras. München 1986.

Vishnudevananda, Swami: Hatha Yoga Pradipika. Der klassische Führer für die fortgeschrittene Hatha Yoga Praxis. International Sivananda Yoga Vedanta Centers. Quebec 1987.

Visseaux, Roger N.: Beten nach dem Evangelium. Münsterschwarzach 1983.

Wallace, R. K., Orme-Johnson, D. W. und Dillbeck, M. C. (Hg.): Scientific Research on Maharishi's Transcendental Meditation program: Collected Papers, Vol. 5. Fairfield 1990.

Weismayer, Josef: Leben in Fülle. Zur Geschichte und Theologie christlicher Spiritualität. Innsbruck, Wien 1983.

Wetering, J. van de: Der leere Spiegel. Erfahrungen in einem japanischen Zen-Kloster. Reinbeck 1981.

Wetering, J. van de: Ein Blick ins Nichts. Erfahrungen in einer amerikanischen Zen-Gemeinde. Reinbeck 1991.

White, John: Alles über Transzendentale Meditation. Mantra, Mystik, Technik, Philosophie, Bewusstseinserweiterung. Die neue Lehre des Maharishi Mahesh Yogi. München 1976.

Yogananda, Paramahansa: Autobiographie eines Yogi. Weinheim 1950.

Zamarra, J. W., Besseghini, I. und Wittenberg, S.: The effects of the Transcendental Meditation Program on the exercise performance old patients with angina pectoris. In: Orme-Johnson und Farrow, J. T. (Hg.): Scientific research on the Transcendental Meditation Program. Collected Paper, Vol. Reinweiler 1977.